FRI

En personlig beretning om illusionernes lænker

Af Per Brændgaard Mikkelsen

Per Brændgaard Mikkelsen

FRI

Forlag: Books on Demand – København, Danmark
Fremstilling: Books on Demand – Norderstedt, Tyskland
Bogen er fremstillet efter on-Demand-proces

ISBN 978-87-4300-064-8

INDHOLD

FORORD

At skrive denne bog har været som at skrive et nyt kandidatspeciale. Bogen er resultatet af to års fuldtidsstudie. Bogens mix af emner kan ikke læses på noget universitet, så jeg var nødt til at gøre det som selvstudie.

Det var ikke en rationel beslutning at tage to år ud af kalenderen i en så fremskreden og karriereklar alder som min. Men jeg kunne ikke lade være. Det er kommet til mig som et kald fra et dybt sted.

Særlig tak til Karen Marie Edelfeldt for at have været knivskarp redaktør på bogen.

Tak til Angela Ruth Jacobsen, Pernille Sonne og Leena Rebekah Buhl for værdifuld sparring om tekster og emner.

Tak til Thomas Nørgaard, Lars Jørgensen, Søren Wain, Johan Verdensfred, Jeppe Severin og mine mange kritikere for interessante samtaler og udveksling af argumenter og evidens.

Tak til dig derude, for at tage dig tiden til at læse denne bog. Må den hjælpe dig til mere fred og frihed.

God læselyst.

Per Brændgaard Mikkelsen
København, 11. september 2018

INDLEDNING

"Den, der søger, skal finde."
Sofokles

For et par år siden havde jeg en tilbagevendende drøm. Jeg drømte, at jeg var tilbage i skolen. Nogle gange var jeg tilbage i 7. klasse. Andre gange var jeg tilbage på kollegiet, hvor jeg boede under min første videregående uddannelse efter gymnasiet. I drømmen var jeg mit voksne jeg, og jeg var både skræmt og lettet over at være startet i skole på ny. Det var dog lidt underligt at være så meget ældre end de andre.

Denne bog er et foreløbigt resultat af det, som den drøm var udtryk for. Nemlig en proces med at nytænke stort set alt, hvad jeg indtil da havde lært både i mit faglige og i mit private liv. Det er først for nylig, at det er gået op for mig, hvad den drøm egentlig betød. Drømmen holdte op med at vende tilbage, da jeg fuldt ud havde accepteret, at jeg var gået i gang med nogle meget omfattende og fundamentale studier. Denne bog føles som min anden specialeafhandling. Den er resultatet af især de sidste to års intensive selvstudier. Jeg har finansieret de to år ved at hæve fra min pensionsopsparing. Min bankrådgiver håber dog, at jeg snart får et rigtigt arbejde igen.

Det er mit håb, at jeg med denne bog kan inspirere andre til at interessere sig for politik og til at tænke ud af boksen – inklusiv tv-boksen. Jeg håber ikke og tror heller ikke, at du som læser æder alt råt i denne bog. Mine konkrete erkendelser er personlige og gælder derfor kun for mig. Det, der er en illusion for mig, kan jo godt være en sandhed for dig. Og omvendt. Men jeg brænder meget for at inspirere andre til øget politisk *bevidsthed* med fokus på selve processen med selvstændig, kritisk tænkning og det at turde sætte spørgsmål ved normerne.

Jeg opfatter det som min pligt som borger i et relativt frit samfund i at ytre mig om de emner, jeg tager op i bogen. Emnerne er valgt, fordi de er vigtige. Meget vigtige. Vores demokrati og frihed er truet, og vi har tilsyneladende vænnet os til kronisk krig i verden, selvom krig er helvede. Det er på høje tid, at vi får gang i en ny fredsbevægelse som i 1960'erne og 1970'erne. Dengang lykkedes det for hippierne at sætte en stopper for den meningsløse Vietnam-krig. Vi kan gøre det samme nu med vor tids meningsløse krige. En vigtig grund til, at den friheds- og fredsfremmende hippiebevægelse faldt på gulvet igen, var, at de krigsglade magthavere blev bedre til propaganda godt hjulpet på vej af 'krigen mod stoffer', der reelt var en krig mod hippier – og den krig var dybest set en krig mod fred og frihed. Man behøver dog hverken ryge hash eller gå rundt med blomster i håret for at gå ind i den nye fredsbevægelse. Men vi har virkelig brug for *dig*!

I bogen beskriver jeg nogle af de politiske emner, der har fundamental betydning for fred og frihed, og som ofte bliver overset eller misforstået. Min nye interesse for politik er også en naturlig konsekvens af mit arbejde med holistisk sundhed, der bl.a. handler om at fremme fysisk, mental og social fred og frihed. Det er umuligt at oplyse om holistisk sundhed uden at komme ind på politik. Det er i det hele taget umuligt at arbejde med sundhed uden at være politisk. Forskellen er, om man er bevidst om det eller ej. Det er mit håb, at denne bog kan inspirere bl.a. sundhedsprofessionelle til at blive mere politisk bevidste. Altså også selvom man ikke arbejder med 'sundhedspolitik' som sådan.

Politisk bevidsthed betyder, at man er *magtbevidst*. Det vil sige bevidst om den magt, man bliver udsat for, og den magt som man selv udøver overfor andre. Der er meget magtudøvelse indenfor mit fag: ernæring og sundhed. Der er en udbredt magtkultur, hvor den enkelte tror (eller bliver forledt til at tro), at hun eller han har brug for, at nogen andre eller noget andet overtager styringen – for sundhedens skyld.

Bogen er samtidig en personlig beskrivelse af frigørelse fra illusioner og udvikling af politisk bevidsthed generelt. Illusioner er interessante at blive bevidste om, uanset om hvor meget politik der måtte være i dem. Det handler om *frihed* og *sandhed* som fundamentale livsværdier. Jeg påstår ikke, at jeg er ekspert i de emner, jeg tager op. Jeg påstår heller ikke, at jeg har ret. Jeg er blot et bekymret menneske, der har sat sig ind i nogle politiske emner af væsentlig betydning. Processen og resultaterne prøver jeg så at formidle til mine medborgere så godt som muligt. Der er mange aspekter og emner, som jeg også kunne have taget med. Nogle af mine personlige erkendelser af illusioner er måske kun relevante for mig. Men alt det kan vi tale om, når vi mødes. Og det har vi brug for at gøre mere: debatmøder i den virkelige verden er et vigtigt supplement til de sociale medier, der i stigende grad bliver udsat for politisk overvågning, kontrol og censur. Så sluk computeren og tal med dine medmennesker om nogle af livets og samfundets store spørgsmål af og til.

Jeg har ønsket at skrive en oplysende debatbog, der kan vække læserens politiske interesse og anspore til selvstændig, kritisk tænkning og undersøgelse. Hvis der er noget, vi i dén grad mangler i Danmark, så er det mennesker med en veludviklet evne til at tænke ud af boksen. Eller i det mindste bare at se, at der er en boks, der prøver på at styre og ensrette os. Boksen er en del af magten.

Lad være med at tro på noget, bare fordi jeg har skrevet det her i bogen. Lav din egen research og brug din egen sunde fornuft. Lyt også til, hvad andre mener om de samme emner. Og bed dem om at levere beviser for deres opfattelser, så vi kan finde ud af, hvorvidt det er en subjektiv holdning eller et objektivt faktum. Videnskabelig, logisk tænkning kan faktisk bruges til meget godt. Lad være med at være et får, der bevidstløst følger flokken og hyrden. Lad være med at bruge mig som din nye hyrde. Drag dine egne konklusioner – og tag konsekvenserne af dem i dit liv.

Under alle omstændigheder så håber jeg, at vi alle kan være enige om målet: *fred og frihed for alle*. Vi kan forhåbentlig også blive enige om, at 'alle' rent faktisk omfatter ALLE og ikke kun vores nærmeste her i Danmark. Det handler om næstekærlighed og global solidaritet.

Vi kan måske også nu her fra starten være enige om, at man skal lade være med at lyve – i hvert fald om de store ting. Små løgne kan måske være ok, hvis de tjener et godt formål som f.eks. at formidle en større sandhed. Men store løgne, der tjener onde formål, skal afsløres. Meget store kriminelle handlinger skal også undersøges. Meget store forbrydere skal også retsforfølges. De store sandheder skal frem i lyset.

Lad sandheden sætte os fri.

1. POLITISK VÆKKELSE AF EN ERNÆRINGSEKSPERT

"Et liv uden selvransagelse er ikke umagen værd."
Sokrates

Indtil 2016 havde jeg et vel nok ganske almindeligt forhold til politik. Jeg læste aviser, fulgte med i nyhederne og var bevidst om, hvem jeg ville stemme på ved hvert valg. Min politiske bevidsthed strakte sig nok ikke videre end til det politiske spektrum fra socialisme til liberalisme, og jeg så mig selv som social-liberal – den gyldne middelvej. Det var nok også mit indtryk, at politik var en forvokset børnehave, som det var svært at tage seriøst.

I 2016 begyndte jeg så at fundere dybere over, hvad politik egentlig er. Det var en naturlig følge af, at jeg i en årrække var blevet mere og mere bevidst om de politiske aspekter ved mit fag. Uden at være helt klar over, hvad jeg egentlig mente, når jeg sagde 'politiske aspekter'. I virkeligheden havde min politiske vækkelse været lang tid undervejs.

HVAD ER POLITIK?

'Politik' er ifølge Gyldendals leksikon *Den Store Danske* "aktiviteter, der vedrører fastsættelse og fordeling af værdier med gyldighed for et samfund eller andre sociale systemer og institutioner". Den brede definition af 'politik' er "alle forhold og processer, der omhandler udøvelsen af magt, styre og autoritet". Den snævre definition afgrænser politik til "den offentlige beslutningsaktivitet, der foregår gennem institutioner som valg, lovgivning, regeringsdannelse, statsstyre og kommunestyre". (1)

Jeg kunne se, at min politiske interesse handlede om den brede definition. Uden at være bevidst om det havde jeg faktisk interesseret mig for politik i mange år. Denne bog er også baseret på den brede forståelse af politik som udøvelse af magt, styre og autoritet i samfundet. Jeg er især interesseret i den skjulte, manipulerende magtudøvelse, hvor magthaverne får folket til frivilligt at gå med til noget, som de faktisk er modstandere af. Det omfatter også de magthavere, der ikke er bevidste om, at de har magt.

Det er af fundamental betydning for demokrati og frihed, at især denne mørke magtudøvelse kommer frem i lyset. Også for magtudøverne, der ikke nødvendigvis er bevidste om, at de indgår i et magtsystem drevet af grundlæggende antagelser og fortællinger (narrativer). Disse narrativer (store fortællinger) udgør en meget stor og overset magtfaktor i vores samfund. Narrativernes magt er så stor, fordi de har overtaget styringen af vores sind og kollektive bevidsthed. Vi tror så meget på narrativerne, at vi tror, at virkeligheden simpelthen bare *er* sådan. Men hvis de grundlaggende antagelser er forkerte, så skaber det illusioner, der kan give store problemer.

Det meste af magten i samfundet ligger i selve systemet og ikke i enkeltpersoner. Denne bog skal opfattes som en systemkritik og ikke en personkritik. Det vigtigste, du kan gøre som person, er at vågne op og blive bevidst om systemet.

Udvikling af politisk bevidsthed kan sammenlignes med kognitiv psykoterapi, hvor man bliver mere bevidst om de store antagelser, der styrer ens liv. Det er som at opdage, at man har gule solbriller på, og at verden i virkeligheden ikke er så gul. Det var det gule glas, der forvrængede opfattelsen af verden. Andre har måske grønne solbriller på, og de opfatter også verden i et andet lys – et andet lys end dem med gule solbriller. Målet for os alle må være at tage solbrillerne helt af og se verden, som den faktisk er. Og hvis det bliver for barsk, så kan man jo altid tage solbrillerne på igen – med øget bevidsthed og viden om solbriller og glasfarver. Eller måske skifte til et par solbriller med mindre farvet glas.

DET HANDLER OM SPROG

Sproget har en fundamental betydning for vores opfattelse og kommunikation af virkeligheden. Det er her vigtigt at skelne mellem 'konstruktioner' og 'illusioner'. Alle ord, begreber og fortællinger i sproget er *konstruktioner*, dvs. noget vi mennesker har skabt for at forstå og kommunikere om vores fælles verden. Der er tale om psykologiske og sociale konstruktioner, ikke fysiske konstruktioner.

Ikke alle konstruktioner er illusioner, men det kan vi først finde ud af ved at foretage en *dekonstruktion* og foretage en objektiv, logisk vurdering af beviserne for og imod konstruktionen. Hvis konstruktionen omfatter en falsk eller en meget begrænset opfattelse af det fænomen, som konstruktionen beskriver, så er der tale om en *illusion*.

Efter en dekonstruktion af et begreb kan du foretage en *rekonstruktion*, hvor du tildeler begrebet sande og realistiske betydninger. Jeg kalder det konstruktiv desillusionering med efterfølgende opbygning af en ny, revideret opfattelse af verden baseret på realiteter.

Mange begreber er så udbredte og ladet med så stor betydning, at de bliver opfattet som *sådan er det bare*. Som fysiske naturlove. Man opfatter det som komplet umuligt at stille spørgsmålstegn ved konstruktionens sandhedsværdi. Sociale konstruktioner hjælper os bl.a. til at føle tryghed. At stille spørgsmålstegn ved de store konstruktioner kan derfor føre til utryghed og angst, og det er forståeligt, at man ønsker at undgå det. At fastholde fælles konstruktioner er et kollektivt forsvar mod eksistentiel angst.

Vejen til frihed går gennem dekonstruktion og måske angst. Det er ikke nødvendigvis hverken en let eller en behagelig rejse. Ligesom det heller ikke er let at bryde fri af et fængsel, hvor du er uskyldigt fanget. Men du har fortjent at være fri.

SÅDAN BEVISER DU, AT HVAD SOM HELST ER SUNDT

Ernæring er det fagområde, som jeg i kraft af min baggrund som cand.scient. i human ernæring (eller 'ernæringsekspert' på journalistisk) har mest viden om. Den mediemæssigt kedelige men personligt frigørende sandhed om ernæring er, at man kan spise sundt på mange forskellige måder, og optimal ernæring er i høj grad individuelt. De fleste kategoriske debatter om mad og sundhed er derfor dybest set absurde, men der er alligevel penge i dem. Mange penge. Det er derfor, debatterne er der. Penge er det universelle magt- og motivationsmiddel i det moderne, materialistiske samfund.

Det er efterhånden mange år siden, at jeg opdagede, hvordan opfattelsen af, hvad der er sundt eller usundt at spise, i høj grad bliver påvirket af penge. Ikke så underligt, da der jo er mange penge i landbrug, fødevarer, kosttilskud og medicin. Det har længe moret mig at se, hvordan ernæringsforskere på ofte meget kreative måder forvrænger deres forskning eller formidlingen af den for at tjene sponsorernes interesser. Jeg ved ikke, om de gør det med vilje, eller det sker helt automatisk som følge af pengenes motiverende kraft.

Her er nogle af de centrale manipulationsmetoder, når man skal "bevise" at sponsorens fødevare er sund, uden at der er tale om decideret videnskabelig uredelighed. Formuleret som "gode råd" til ernæringsforskere:

1. Vælg den rigtige sammenligning: Sammenlign altid sponsorens fødevare med noget, der med stor sandsynlighed er mindre sundt. Hvis du f.eks. vil vise, at øl slanker, så sammenlign med vin og ikke vand. Hvis du vil vise, at mørk chokolade er sundt, så sammenlign med lys chokolade og ikke med æbler.

2. Vælg det rigtige effektmål: Vælg et effektmål hvor sponsorens fødevare med stor sandsynlighed vil fremstå som sundere. Hvis du vil vise, at rødt kød er sundt, så undersøg virkningen på jernstatus og ikke virkningen på tarmkræft. Hvis du vil vise, at fuldkorn er sundt, så undersøg virkningen på tarmkræft og ikke virkningen på jernstatus. Lad helst helt være med at lede efter de mest sandsynlige og problematiske bivirkninger. Når du lader være med at undersøge noget, så skaber du illusionen om, at det ikke findes. Udeladelse er effektiv manipulation. Ingen opdager det.

3. Vælg den rigtige tidsperiode: Vælg en tidsperiode, der er så lang, at den ønskede effekt kan indtræde maksimalt og så kort, at faldet i efterlevelse med tiden ikke ødelægger effektens størrelse og forskel. Hvis du vil vise, at en slankekur virker, så gør vægttabet op efter højst 12-26 uger. Lad være med at vente til et eller flere år efter kurens afslutning. Det helt store problem ved alle vægttabsprogrammer er, at folk ikke efterlever kost- og livsstilsændringerne i tilstrækkelig i tilstrækkelig lang tid. Ved at fortsætte den biologisk orienterede forskning så fastholder du illusionen om, at den *næste* kur eller superfødevare er løsningen. Lad for Guds og sponsorens skyld være med at skifte fokus fra biologi til psykologi indenfor ernæringsvidenskab. Husk: Det handler ikke om at hjælpe mennesker; det handler om karriere, penge og magt.

4. Lav de rigtige forvrængninger: Husk at overdrive betydningen af det effektmål, hvor sponsorens produkt er sundere. Selvom du ved, at det i den store sammhæng ikke rigtigt betyder noget for sundheden. Husk at underdrive betydningen af eventuelle bivirkninger. Hvis en undersøgelse viser en alvorlig bivirkning, så lad være med at publicere den. Du kan sikkert få din sponsor til at betale dig ekstra for at lade være, selvom det kan føles som spildt arbejde.

5. Vælg de rigtige udeladelser: Hvis der findes produkter, der er endnu sundere, eller som har færre bivirkninger end sponsorens produkt, så lad være med at nævne dem. Med de rigtige udeladelser giver du et falsk billede af virkeligheden og valgmulighederne, så sponsorens produkter bliver solgt, selvom der er sundere alternativer.

Forskning leverer skyts til den overtalende ernæringskommunikation. Det er den kommunikation af viden om ernæring, der tjener interesserne hos producenterne, medierne og eksperterne. Især de store fødevareproducenter arbejder meget målrettet med overtalende ernæringskommunikation. Man kan måske ikke bebrejde dem at gøre, hvad de kan for at kontrollere forbrugernes opfattelse af deres produkters sundhedsværdi. Jeg har selv i flere år arbejdet professionelt som ernæringskommunikationsrådgiver for fødevarevirksomheder om netop dette. Jeg stoppede med det, da jeg efter tre år i propagandabranchen (som jeg kalder det) følt mig som en prostitueret. I overtalende ernæringskommunikation kan man bruge de samme manipulerende tricks som i ernæringsforskning plus en række andre kommunikative virkemidler, der får bestemte fødevarer til at fremstå ekstra sunde og tiltalende.

Forskning producerer viden. Hvis der findes forskning, der viser noget sundt ved et produkt, så kommer produktet til at fremstå sundere end andre produkter, der muligvis er sundere, hvis der ikke er foretaget forskning i de andre produkter. Ved at investere penge i ernæringsforskning i de gavnlige virkninger ved en fødevare, så kommer fødevaren til at fremstå sundere end den måske reelt er i sindene hos både eksperter og forbrugere.

Der er f.eks. flere forskningspenge i kød og ost, end der er i bønner og ærter. Det kan så f.eks. give det indtryk, at animalsk protein mætter og slanker bedre end vegetabilsk protein, mens det der reelt er tale om, er, at der er en forskel i mængden af forskningsviden, der er produceret om de to konkurrerende fødevaregrupper.

Fravær af forskning i et emne skaber ikke-viden, hvorved ulogiske argumenter kan vinde over logik ved simpelthen at henvise til, at der ikke er dokumentation for det logiske. Den sunde fornuft bliver trængt op i en krog af et teknokratisk dikatur. Det skaber en gigantisk forvrængning i opfattelsen af, hvad der er mere eller mindre gavnligt for sundheden.

Indenfor fødevarer og ernæring er der også den indbyggede mekanisme, at der bliver forsket mere i produkter med store økonomiske interesser, simpelthen fordi den forskning koster mange penge. Så det kræver en sponsor med en stor omsætning med plads til forskningsudgifter i budgettet. Den mekanisme betyder også, at der bliver forsket særligt meget i fødevarer, hvor producenterne er organiseret i internationale interesseorganisationer om globale markeder. Og der bliver forsket særligt meget i produkter, der kan tages patent på, hvilket er mest tydeligt indenfor medicinalforskningen. Det er f.eks. helt vildt så mange penge medicinalindustrien har brugt på fedmeforskning, selvom det endnu ikke er lykkedes dem at opfinde en pille, der slanker effektivt uden alvorlige bivirkninger. Men alene potentialet til at tjene milliarder motiverer til store investeringer og interesser, der skævvrider hele feltet.

Denne tendens til, at der er mest forskning i kapitaltunge produkter, kan udnyttes i overtalende ernæringskommunikation ved, at man simpelthen kan henvise til publiceret forskning, hvor alternativer og konkurrenter ikke kan henvise til publiceret forskning, fordi de ikke har kapitalen til at betale for forskningsproduktionen. Tendensen vil samtidig dreje forskeres fortolkning og formidling i retning af at være positive overfor de kapitaltunge produkter. Det handler jo om deres karriere og levebrød, og ofte har de mange ansatte, som de føler sig ansvarlige for at skaffe penge til, så de kan fastholde deres ansættelser. Så det gælder om hele tiden at holde jorden gødet, så det næste millionbudget kan blive bevilget. Dem, der sidder på kapitalen, har dermed magten til at påvirke både mængden og typen af viden.

Det er mit indtryk, at der stort set ikke findes nogen fri forskning indenfor ernæring i dag hverken i Danmark eller i udlandet. Næsten al ernæringsforskning foregår nu som samlebåndsforskning, der tjener karrieremæssige og forretningsmæssige formål uden reel interesse for folkesundhed og faglig udvikling. Man er nødt til at læse det med småt, hvis man skal trække reel ny viden ud af moderne ernæringsforskning.

Indenfor forskningen i lægemidler har det vist sig, at man ikke kan stole på forskeres selvoplyste erklæringer om interessekonflikter. (2) Meta-analyser og oversigtsartikler med industristøtte viser mere fordelagtige virkninger af medikamenterne, de kommer oftere med positive konklusioner om medikamenterne, og publikationerne har dårligere videnskabelig kvalitet og gennemsigtighed end meta-analyser uden industristøtte. (3) (4) Det skulle være mærkeligt, hvis det samme ikke gjorde sig gældende indenfor fødevarer og alle mulige andre fagområder. Penge er det globale magtmiddel, som vi alle er underlagt.

SLANKEKURE SOM BEDRAG

Slankekure er måske det bedste eksempel på overtalende, bedragerisk kommunikation indenfor ernæring og sundhed. Jeg definerer en slankekur som et totalitært, kontrolbaseret kostprogram, der lover et stort og hurtigt vægttab, hvis man følger programmet i en given tidsperiode, typisk nogle uger.

Den herskende fortælling om slankekure er, at man med det rigtige kostprogram vil opnå et stort, hurtigt og varigt vægttab. Ønsket om at tabe sig er ofte drevet af, at man ikke har sluttet fred med sin krop, som den er. Slankekuren giver indtryk af at skabe orden og skønhed i et ellers kaotisk og grimt madliv. Det sker så ved at føre en pæn krig mod de dårlige vaner. Slankekuren giver sikkerhed for, at man kan komme ud af det belastende problem, som overvægt og overspisning kan være. Det bliver overskueligt og konkret: man skal bare følge programmet. Prisen er, at man afgiver noget frihed, men den pris betaler man gerne, når gevinsten er så stor, og når kuren er den nødvendige løsning på problemet. Den frivillige flugt fra den eksistentielle angst ved at skulle vælge selv er udbredt hos mange mennesker, og derfor kan det virke lokkende med en slankekur.

Fortalerne for slankekure *udelader* en række vigtige informationer om slankekure:

- Den langsigtede efterlevelse af et kostprogram er meget lav (5)
- Det opnåede vægttab kan ikke bevares efter kuren, og mange tager endnu mere på bagefter (6)
- Den pludselige og store frisætning af fedt og ophobede miljøgifte fra fedtdepoterne er skadelig for kroppen, og det kan være årsagen til, at hyppige slankekure er forbundet med øget risiko for at dø for tidligt (7)
- Slankekure øger risikoen for spiseforstyrrelser (8)
- Man kan opnå vægttab på mange forskellige måder (det handler blot om at opnå negativ energibalance) (9)

- Cases med lavt vægttab, decideret vægtøgning eller med bivirkninger bliver ignoreret

Fortalerne for slankekure *overdriver* og forvrænger samtidig:

- Størrelsen, hurtigheden og især varigheden af vægttabet
- Den fysiologiske grund til at lige netop denne slankekur er bedre end alle andre slankekure
- Den særlige slankevirkning af madopskrifterne i kuren
- At kuren er enkel og let at efterleve i praksis
- At kuren fører til varige livsstilsændringer
- Cases med store vægttab bliver fremhævet

Fordelene ved slanke*kurs* med frihed i stedet for slanke*kur* med fængsel er dokumenteret i talrige undersøgelser, og betydningen af frihed i forbindelse med ikke kun vægttab, men også andre former for sundhedsfremme er dokumenteret i den omfattende forskning i selvbestemmelsesteori. (10) (11) Du er på slanke*kurs*, når du starter, hvor du er og derfra selv vælger at tage små skridt i slankende retninger. Du er på slanke*kurs*, når du føler dig fri, mens du gør noget for at gå ned i vægt.

Slankekures fortsat store popularitet på trods af alle advarslerne kunne tyde på, at mange mennesker slet ikke ønsker at være frie. Frihed er farligt! Eller sådan kan det i hvert fald opleves, når man først godt og grundigt har vænnet sig til at være i fængsel. Det er ligesom, når en langtidsfange i et fængsel har udtjent sin straf, og frygter det uforudsigelige kaos, som en hverdag i frihed er.

Problemerne med slankekure – propaganda, løgn, kontrol og frihedsberøvelse – er de samme som indenfor andre politiske områder som f.eks. krigen mod terror. Løsningen er også den samme: vi skal gå fra fup og fængsel til fred og frihed. Men hvordan? Og hvordan håndterer vi frihedens paradoks: *frygten* for frihed? Her er et eksempel fra min arbejde med at hjælpe mennesker med overvægt.

Jeg har spildt mange år af mit og andres liv på at lave rigide kostplaner, slankekure og diætsystemer. Det har jeg tjent mange penge på, og jeg har også fået et kick ud af at bestemme over andres madliv. Det alternativ, som jeg formidler nu, består af bevidsthed, principper og støtte. Det er svært at sælge, men jeg fortsætter alligevel, selvom jeg så aldrig får råd til en stor Audi. Det første trin er altid at slå autopiloten fra og øge bevidstheden, så man kan begynde at vælge noget andet, end man plejer. Bevidsthed er forudsætningen for frihed og for, at man kan bruge friheden til noget gavnligt. Næste trin er at have nogle konkrete og brugbare principper, man kan bruge sin frihed til at navigere efter i retning af det sundhedsmål, som man ønsker at opnå. Det kan her være en stor hjælp af have en vejleder indenfor rækkevidde og nogle relevante vejledninger at navigere efter. Det tredje trin er at have social støtte fra andre mennesker og sunde systemer, så man kan vedligeholde bevidsthed og fokus også på længere sigt. Det omfatter på den måde en bevægelse fra befaling til bevidsthed, fra program til princip og fra straf til støtte.

Alt dette er dog kun muligt, hvis den enkelte ønsker at være både sund og fri, selvom jeg mener, at sundhed uden frihed slet ikke er sundhed. Det er helt klart min erfaring, at der er langt flere penge i at drive et sundhedsfængsel end i at være en blødsøden sundhedshumanist. Jeg synes alligevel, at vi skal gå fra fascisme til humanisme, selvom det kræver omskoling af mange sundhedsfagfolk. Det handler om den politiske ideologi – forførende fascisme vs fredelig frihed – som sundheden er baseret på.

Apropos prostitution, har jeg med tiden fået en anden opfattelse af det begreb. Jeg opfatter i dag prostitution som at sælge noget, der strider imod ens personlige etik. Det kan være hvad som helst og ikke kun sex. Det er for de fleste af os let at blive prostitueret, hvis vi lever af at sælge sex, men det er ikke nødvendigvis sådan for alle. Det er kun den enkelte, der ved det. Den mest udbredte og politisk interessante prostitution er den, der slet ikke handler om sex, men derimod om at sælge viden, holdninger og evner til formål, der strider mod ens personlige etik. Hvis en person ikke har nogen anden personlig etik end at tjene så mange penge som muligt, så betragter jeg også personen som prostitueret. Det viser etisk forfald, der giver grobund for ekstrem magtudøvelse på alle områder af samfundet. Den eneste forskel på en prostitueret, der sælger sin krop og en prostitueret, der sælger sin hjerne, er, at den første er bevidst om det.

2. SUNDHED: FÆNGSEL ELLER FRIHED?

"At pleje helbredet med en regel, der er for streng, er en opslidende sygdom." François de La Rochefoucauld

Kulturen indenfor ernæring og sundhed er præget af, hvad jeg bedst kan beskrive som et frivilligt fængsel. Der er mange penge (og magt) i at sætte mennesker i mad- og sundhedsfængsel, og man kan ofte få folk til selv at betale i dyre domme for det. Ellers står arbejdsgivere og offentlige myndigheder i kø for at hjælpe til med at betale for indpiskere og fangevogtere. Jeg tænker her ikke kun på slankekure, men også på kostplaner, motionsprogrammer og den generelle kultur om, at ernærings- og sundhedsvejlederes rolle er at tage styringen og give instrukser om, hvad klienten/borgeren/patienten skal gøre. Denne form for ydre-styret sundhed omfatter en bevægelse af magten fra den enkelte til eksperten og systemet.

Der er derimod hverken penge eller magt i humanistisk sundhed og budskabet om, at det først og fremmest handler om den enkeltes bevidsthed og frihed. Folk ønsker åbenbart ikke at være frie, eller også har de lært, at frihed og sundhed er to modsatrettede værdier. Eller også tror de, at de allerede *er* frie. Det er samtidig også årsagen til, at de herskende tilgange til kost, motion, vægttab og sunde livsstilsændringer virker så dårligt på længere sigt hos almindelige, ufanatiske mennesker, som de beviseligt gør. Vejen uden om reel frihed er fængsel, og det bryder mennesket sig heller ikke om.

Der kan være bivirkninger ved alt, og alt kan misforståes og misbruges – også sundhed og frihed. Frihed kan f.eks. misforståes som egoisme og misbruges som hensynsløshed. Den form for frihed reducerer fred. Et godt spørgsmål i forbindelse med frihed er derfor, om det fører til mere eller mindre fred. Frihed og fred skal følges ad.

En anden bivirkning ved frihed er utryghed, angst og stress. Kronisk frihed øger risikoen for kronisk stress, og det er som bekendt usundt at være kronisk stresset. Det er min erfaring, at det kan håndteres ved at forankre frihedsprocessen i en spirituel praksis, hvor buddhisme og kristen spiritualitet er et par gode bud. Man kan også dyrke mindfulness og meditation på en rent psykologisk og humanistisk måde uden noget som helst religiøst, spirituelt eller overnaturligt. Ateister kan også finde ny ro og tryghed i den ubetingede kærlighed. Jeg opfatter i øvrigt også ateisme som en form for tro, men det er en anden snak.

Sundhed er blevet den nye moral og "godhed", som vi måler os selv og hinanden på. Det forstærker appellen af alle programmer, der lover, at man kan blive "sund" og et "godt menneske" på kort tid. Man skal bare gøre, som man får besked på. Ret ind, mak ret og bliv sund! Der er status i sundhed, og det giver ret til at mobbe de usunde. Usundhed og de usunde syndere bliver de fælles fjender, der styrker sammenholdet i den sunde elite.

Når først man har vænnet sig til, at sundhed kræver fængsel, så bliver det lettere at godtage, at andet "godt" også kræver indskrænkelser af friheden samt massiv kontrol og overvågning. Vi godtager, hvad eksperterne siger uden at stille spørgsmål, være kritiske og tænke selv. Vi gør, hvad programmet siger, vi skal gøre for at være sunde, gode mennesker. Det er jo alt sammen udelukkende for vores egen skyld, har vi lært. Og så længe vi har det nogenlunde, får mættet vores basale behov og svælger i medier og underholdning, så er der ingen grund til at blive politisk bevidst.

Det er nu heldigvis mange år siden, at jeg opsagde mit job som sundhedsbetjent. Det er meget mere meningsfyldt at hjælpe mennesker med at bryde fri af sundhedsreglerne og sundhedsfængslet. Selvom det er svært at sætte folk fri, der ikke ved, at de er i fængsel. Eller som ikke ved, at det faktisk er usundt er være i fængsel, selvom det er for sundhedens skyld. Som Mark Twain skrev: "Det er lettere at snyde folk end at overbevise dem om, at de er blevet snydt."

Jeg er fortaler for 'magten til folket' indenfor sundhed, selvom det er op ad bakke. For folket vil jo slet ikke have magten. De vil have nogen, der fortæller dem, hvad de skal gøre. Nogen der skælder dem ud, når de ikke makker ret. Og roser dem, når de har gjort, som de har fået besked på. Eller det har de i hvert fald vænnet sig til gennem den herskende sundhedsdiskurs, der er massivt markedsført i medierne.

Det første konkrete, større udtryk for mine humanistiske holdninger til mit fag var min debutbog 'Spis som du vil', der udkom i 2000. (12) Det er formentlig den bog om sund kost i Danmarkshistorien, der har solgt dårligst. Folk ønsker bare ikke at spise, som de vil, når de vil spise sundt. De næste markante udtryk var udgivelsen af små skridt-bogen i samarbejde med Sundhedsstyrelsen i 2009 (13), mindful spisning-bogen i samarbejde med psykolog Uffe Damborg i 2012. (14) Alle tre filosofier (Spis som du vil, Små Skridt og Mindful Spisning) er udtryk for mine grundlæggende værdier om frihed og fred, og at al sundhed starter med bevidsthed. Og altså også i forhold til maden og kroppen. Og på den måde sådan set udtryk for en politisk holdning baseret på god, gammeldags humanisme. Min følgende interesse for andre politiske emner var en naturlig følge af den samme længsel efter fred og frihed.

Når man først har sluttet fred med maden, motionen og kroppen, så er det naturligt at søge freden i flere af livets sammenhænge. Hvis man derimod er i konstant krig mod kroppen, så er det også lettere at godtage, at andre former for krig også er nødvendig for at bekæmpe "det onde". Det blokerer for den forståelse for og medglæde over forskelligheder, der er nødvendig for fredelig sameksistens.

3. 9/11: TRE HØJHUSE, TO FLY, ÉN SANDHED

"Om alt bør der tvivles."
René Descartes

Tilbage til min store opvågnen i foråret 2016. Det startede med, at jeg ville vise min teenage-datter nogle dramatiske videoer på YouTube med folk, der faldt ned fra World Trade Center-skyskraberne ved de tragiske begivenheder i New York den 11. september 2001. Jeg vil fremover referere til terrorangrebet i USA den 11. september 2001 som 9/11. Min tanke var, at det var vigtigt for hende at blive konfronteret med de barske realiteter, der forandrede verden den dag.

Jeg havde indtil da – dvs. i mere end 14 år – troet på den officielle historie om 9/11: En række koordinerede terrorangreb mod USA, hvor 19 mænd med tilknytning til al-Qaeda kaprede fire passagerfly og styrede to af flyene ind i World Trade Centers tvillingetårne i New York; et fly i hvert tårn. Ingen andre end al-Qaeda stod bag, og de gjorde det, fordi de ikke bryder sig om vores frihed i Vesten. Begge tårne kollapsede efter hhv. 56 og 102 minutter pga. brand forårsaget af sammenstødet med flyene og eksplosionen af flybrændstof. Det tredje fly blev fløjet ind i Pentagon-bygningen (USA's forsvarsministerium). Passagererne på det fjerde fly forsøgte at overtage kontrollen over flyet, hvilket førte til at det styrtede ned i en mark i Pennsylvania. Man formoder, at det fjerde fly skulle have ramt et mål i den amerikanske hovedstad Washington D.C., formentlig United States Capitol (hovedsædet for den amerikanske kongres). En tredje bygning i World Trade Center komplekset (Bygning 7 på 47 etager) styrtede lodret ned 8½ timer efter det første fly ramte Nordtårnet. Den blev ikke ramt af noget fly, men den var blevet svækket af brande. (15) Sådan cirka lyder den officielle historie om 9/11.

Jeg havde dengang ikke hørt andre forklaringer end den officielle, men det var heller ikke noget, jeg havde søgt efter. Jeg troede jo blot på, hvad jeg så og hørte i de almindelige medier. Nå, men jeg fik fundet og vist videoklippet med den faldende mand til min datter, men i min søgning opdagede jeg også, at der fandtes andre videoer på YouTube med andre forklaringer på 9/11. Jeg startede med at se nogle af dem som ren underholdning. Jeg tænkte for mig selv, at man jo må være vanvittig, hvis man tror, at den officielle historie om 9/11 er en løgn. Det er jo umuligt at slippe afsted med en løgn om noget så stort! Så det var i starten ren underholdning for mig at se på de talende sølvpapirhatte fremføre den ene skøre teori efter den anden. Jeg var stadigvæk ikke i tvivl om, at den officielle historie var sand: Det var muslimske terrorister med Osama bin-Laden i spidsen, der havde udført 9/11. Og ingen andre end dem! Jeg var i øvrigt stor tilhænger af krigene mod terror i Mellemøsten for at forebygge flere terrorangreb i bl.a. Danmark.

Vendepunktet i min opfattelse af 9/11 blev en YouTube-video af den amerikanske fysiklærer David Chandler, hvor han anvendte gymnasiefysik og videoanalyse til at dokumentere, at den officielle forklaring om Bygning 7 rent fysisk ikke kunne være sand. Han dokumenterede, at Bygning 7 kollapsede i frit fald accelleration, og det kan ifølge fysikkens love kun lade sig gøre, hvis der samtidig er en anden kraft, der fjerner modstanden i bygningen. Den mest sandsynlige forklaring var, at der var blevet anvendt sprængstoffer, men det var jo ikke en del af den officielle forklaring om, at Bygning 7 var kollapset som følge af brand og altså uden sprængstoffer. (16) Det blev startskuddet på ikke blot min repetition af gymnasiefysik, men også på min skepsis om den officielle historie om 9/11 – og meget mere. Jeg havde godt nok ikke troet, at det ville være en fysiklærer, der skulle få mig til at vågne op politisk!

Jeg nærmest snublede ind i Konspirationsland på YouTube. Det vil sige vældet af videoer med konspirationsteorier om 9/11 og alt mulig andet. I den ene yderlighed har vi de meget rationelle videoer som den med David Chandler, der først fangede min seriøse interesse. De bruger fysiske beviser og rationelle argumenter for, at den officielle forklaring om 9/11 ikke kan være sand. Nogle af dem kommer også med alternative forklaringer – altså alternativer til den officielle forklaring – der ligeledes efter min vurdering er baseret på beviser, rationalitet, politik og historie.

Men så er der også alle de andre, fantasirige, underholdende 9/11-videoer med utroværdige konspirationsteorier om, hvad der egentlig foregik den dag. De omfatter bl.a. Judy Woods teori om et udefineret 'dirigeret energivåben' og diverse teorier om, at der slet ikke var nogen fly; det var computergrafik og/eller holografier, der skabte illusionen om fly, ifølge disse særligt fantasifulde teorier. Samtidig bliver man også lokket over i konspirationsteorier om alt muligt andet, som de onde magthavere angiveligt også holder skjult. Herunder decideret vanvittige teorier som Flat Earth-teorien (teorien om at jorden i virkeligheden er flad), reptil-teorien (teorien om at verdens magthavere, herunder den kongelige familie, i virkeligheden er reptilvæsner fra rummet, der har taget midlertidig form som mennesker) og Hollow Earth-teorien (teorien om at jorden i virkeligheden er hul og regeres af aliens, der bor inde i jorden). Der er meget adspredelse at hente her, og hvis man har tendens til det, så er det let at miste jordforbindelsen og realitetssansen i Konspirationsland.

Hvis man åbner sit sind for konspirationsteorier, vil man undertiden blive beskyldt for at være paranoid. Det er da også rigtigt, at overdreven optagethed af konspirationsteorier kan være et delkriterie i diagnosticering af paranoid personlighedsforstyrrelse. Men man bliver ikke personlighedsforstyrret af at være optaget af konspirationer. Det kræver, at ens personlighed grundlæggende er præget af paranoide træk. Oftest vil beskyldningen om paranoia være en måde at nedgøre og måske latterliggøre personer med en anden overbevisning end en selv.

Da alvoren gik op for mig, og det ikke længere blot var underholdning for mig, så begyndte jeg at studere emnerne '9/11' og 'konspirationsteori' på samme måde, som jeg sætter mig ind i ernæringsfaglige emner. Med akademisk systematik og sund skepsis overfor alt – inklusiv mig selv og mine egne tanker. Drevet af et dybtfølt ønske om at kende sandheden. Uanset hvad sandheden måtte være. Uanset hvor ubehagelig sandheden måtte være. Jeg var jo i forvejen godt i gang med at stille fundamentale spørgsmål i forhold til både mit fag og privatliv, så det var naturligt også at kaste mig over nogle af de helt store samfundsproblemer. Det med at tænke ud af de herskende fortællinger og normer er en gradvis, psykologisk proces, hvor jeg i bakspejlet kan se, hvordan jeg startede med de mest oplagte og letteste emner, hvorefter jeg gradvist begyndte at se nærmere på større og mere vanskelige og komplekse emner.

Mit beskedne mål blev at opdage *sandheden om alt*. Det er selvfølgelig umuligt, men jeg kan have *intentionen* om det. Det er den ultimativt nysgerrige, undersøgende og undrende indstilling til livet og verden. Det er den indstilling, som jeg ønsker at formidle i denne bog og egentlig ikke så meget, hvad jeg indtil videre helt konkret har fundet ud af i min research. Vi skal lade være med at tro på noget, bare fordi vores autoriteter siger, at sådan er det. Vi befinder os nu i Informationsalderen, og med internettet ved hånden har vi for første gang i menneskehedens historie reelt mulighed for at foretage selvstændige undersøgelser af mange forskellige emner. Også emner som de almindelige medier aldrig beskæftiger sig med. Vi har ganske vist også store muligheder for at blive ledt på afveje, men informationen er derude for alle, der vil investere tiden og energien i at grave den frem.

Sandheden er derude – men det er løgnen også.

4. FRIGØRELSE FRA ILLUSIONERNES LÆNKER

"Hvis du vil forbedre dig, så vær parat til at blive opfattet som fjollet og dum."
Epiktet

I daglig tale bruger vi 'desillusioneret' som et negativt begreb, men *desillusionering* er faktisk en gavnlig proces, hvis man har sandhedssøgen som etisk værdi. Der er ingen vej uden om desillusionering. Det er min erfaring, at når man først er blevet desillusioneret om én ting, så har man lettere ved at opdage de mange andre illusioner i livet og samfundet. Det er det første lille skridt, der er det sværeste. Det er også min erfaring, at man må starte med de små illusioner, før man går videre til de store. Hvis du aldrig før har gennemgået den psykologiske proces med at frigøre dig fra en illusions lænker, så vil jeg *fraråde* dig at starte med de store politiske illusioner. Faktisk ved du jo slet ikke, hvad der er en illusion, og hvad der ikke er, før du har undersøgt sagen grundigt. Så start med de konstruktioner, som du opfatter som mindst farlige, og hvor du har mest på fornemmelsen, at din opfattelse er en illusion. Eller hvor din verden i hvert fald ikke vil bryde helt sammen, hvis du opdager, at det er en illusion. Tag små skridt og pas godt på dig selv.

TRÆNING AF KONSTRUKTIV DESILLUSIONERING

Her er en nogenlunde kronologisk gennemgang af de illusioner, som jeg selv har opdaget, sammen med nogle øvelser, hvis du vil prøve selv. Listen starter med de mindst farlige (for mig), og så bliver illusionerne ellers farligere og farligere efterhånden. Jeg er selv typen, der kan lide at "springe ud" med mine holdninger offentligt. Det er dels for at teste, om min reviderede opfattelse holder vand, og dels for at vænne mig til at tage de tæsk, det giver at gå imod strømmen. Når man først har fået små tæsk, så bliver det lettere at tage de store tæsk senere i ens personlige udviklingsproces. Desillusionering er i øvrigt den vigtigste proces for enhver, der søger personlig udvikling.

MADLAVNING: TØR DU BRUGE DIN FRITID PÅ NOGET ANDET?

Jeg har ikke lavet mad sådan rigtigt i de sidste 12 år. Jeg gider ikke. Det er simpelthen bare for træls og bøvlet, synes jeg. Jeg spiser færdigmad, henter takeaway eller spiser ude. Eller spiser mad som andre har lavet til mig/os. Kroppen er jo alligevel ligeglad med, hvem der har lavet maden. Så rent ernæringsmæssigt er der ingen grund til at lave mad fra bunden, hvis man ellers har nogle gode leverandører af færdiglavet mad i nærheden. Jeg oplever simpelthen madlavning som *arbejde*, der kræver tid, energi og opmærksomhed, som jeg vil hellere vil bruge på noget andet – som f.eks. at skrive denne bog. Den holdning har skabt meget furore i mad- og ernæringskredse, selvom det vist efterhånden er ved at blive accepteret som selvindlysende, at alle selvfølgelig ikke behøver lave mad selv for at få dækket kroppens behov for næringsstoffer. Problemet er, at mange ernæringsformidlere har en tendens til at sammenblande objektiv ernæring med deres subjektive normer om madkvalitet, herunder deres forkærlighed for at bruge deres fritid (som måske slet ikke er fritid for dem) på køkkenarbejde. Med al respekt for køkkenarbejde, for det er selvfølgelig vigtigt, at der fortsat er *nogen* i vores samfund, der laver mad til os, der ikke gider.

Øvelse: Hvis du plejer at lave mad og ikke bryder dig om det, så prøv at lade helt være med at lave mad fra bunden i en uge. Spis færdigretter, takeaway, havregryn, brød eller andet, der er lige til at få fat i i stedet for. Husk at fast food ikke behøver være junk food. "Fast food" er jo bare "hurtig mad" på engelsk. Man kan spise sundt uden at lave mad, hvis man vil. Når ugen er gået, så spørg dig selv om det giver dig mere eller mindre fred, frihed, velvære og energi (dvs. sundhed) at spise på den måde. Du bestemmer selv, hvordan du vil spise sundt. Det står dig også helt frit at være fuldstændig ligeglad. Det bliver du ikke et dårligt menneske af.

MINDFUL SPISNING: TØR DU VÆRE STILLE OG BARE NYDE?

Det gav også stor modstand, da jeg begyndte at anbefale mindful spisning. Det går ud på, at man koncentrerer sig om sansningen og nydelsen af maden i stedet for at snakke for meget, mens man spiser. Det går også ud på at lytte til kroppens signaler om sult og mæthed i stedet for at lade sig styre af kalorietabeller og kostplaner. Det vil sige en bevægelse fra ydre-styring til indre-regulering. Det blev jeg også latterliggjort omkring i starten, selvom det nu også er bredt accepteret som et selvindlysende, sundt kostråd, der gør det muligt at spise mindre mad, som man nyder mere.

Øvelse: Hvis du plejer at snakke, læse eller se fjernsyn, mens du spiser, så prøv at spise et helt måltid mad uden at gøre noget som helst andet end at spise, sanse og nyde maden. Lad være med at snakke, se fjernsyn eller læse. Hvis folk siger noget, så lad være med at høre efter. Sluk telefonen og bare spis. Læg mærke til, hvad der dukker op af trang til at gøre det, du plejer at gøre, mens du spiser. Læg også mærke til tanker om, hvad de andre mon siger, når du nu bare sidder og nyder din mad i tavshed. Men prøv først og fremmest at fokusere din opmærksomhed på selve sansningen af maden fra øjeblik til øjeblik. Spis hver mundfuld mad som om, at det er første gang. Det er det, men det glemmer vi tit. Noget så enkelt som et måltid mad kan derfor bruges til at kultivere dette *begyndersind*, der gør det muligt at se på gamle ting på nye måder.

ALKOHOL: TØR DU FESTE UDEN DRUK?

Jeg besluttede mig for efterhånden en del år siden for at begynde at gøre det, som jeg syntes var sjovt at gøre, når jeg var fuld, mens jeg var ædru. Og ikke nødvendigvis til fest, også til hverdag. Det førte til, at jeg fuldstændigt mistede lysten til at drikke alkohol. Jeg fandt ud af, at jeg sagtens kunne have det sjovt helt uden alkohol. Det var ikke en "frelst" beslutning på nogen måde. Det kom bare indefra som følge af mit eksperiment.

Øvelse: Prøv at gøre det, som du synes er sjovt at gøre, når du er fuld, mens du er ædru. Prøv både at gøre det, når du er til fest og på en helt almindelig hverdag. Hvordan er det? Hvor meget af din lyst til alkohol er egentlig en lyst til frihed?

SLANKEKUR: TØR DU GÅ PÅ SLANKE*KURS* I STEDET FOR?

Det er en myte, at slankekure er sunde og virker efter hensigten. Jeg har udviklet flere alternativer til slankekure: Slanke*kurs*, Små Skridt, Mindful Spisning og Slank På Ét Sekund. Den sidste, som jeg i øvrigt også har skrevet en bog om, handler bl.a. om at begrebet 'slank' er en konstruktion, der ofte dækker over et ønske om noget helt andet andet det rent fysiske vægttab, f.eks. et ønske om at *føle* sig lækker. Det handler ofte meget mere om psykologi end om fysiologi.

Øvelse: Hvis du tit tænker, at du er for tyk, så prøv at tage 14 dage, hvor du ofte siger til dig selv "Jeg er slank og lækker. Jeg er slank og lækker, præcis som jeg er nu." Hvordan føles det? Hvad sker der af ændringer i dit liv, når du *tænker* sundt om din krop?

MOTION: TØR DU DOVNE OG INDRØMME HVOR KEDELIGT OG DUMT, DET EGENTLIG ER AT DYRKE MOTION?

Motion behøver faktisk ikke være dikteret, ubehageligt, tidskrævende og meningsløst for at være sundt. Måske er det faktisk slet ikke sundt, hvis du oplever din motion på den måde. Det er også en myte, at motion giver mere energi og på magisk vis giver flere timer i døgnet. Motion *kræver* et overskud af både tid og energi. Jeg er derfor både personligt og fagligt fortaler for andre former for motion baseret på selvbestemmelse, gode oplevelser undervejs, integration i hverdagen og hvor motionen tjener et reelt formål samtidig som f.eks. at blive transporteret til og fra arbejde eller skole. Musklerne er heldigvis ligeglade med, hvad for noget tøj du har på imens, og hvilke formål aktiviteten tjener. Musklerne vil bare gerne bruges.

Øvelse: Hvis du har svært ved at finde motivationen til motion, så prøv at finde ud af hvad der er god motion for dig. Det kan være en hvilken som helst form for fysisk aktivitet, som giver dig en god oplevelse, imens du gør det og/eller tjener et reelt formål i din hverdag som f.eks. at transportere dig et sted hen, fordi du skal noget, du gerne vil. Du kan på den måde f.eks. "dyrke" shopping eller dating som motion, hvis du altså går, cykler eller me-mover derhen. En Me-Mover er en udendørs stepmaskine, der kan erstatte cyklen.

MATERIALISME: TØR DU VÆRE FUNKTIONALIST?

Materielle værdier siger mig ikke længere noget. Nogle materielle ting har en funktion, der er meget praktisk, behagelig eller underholdende. Men langt de fleste fysiske ting, der bliver solgt i vores moderne samfund, er fuldstændigt overflødige luksusvarer uden reel funktion. Sådan har jeg det i hvert fald. Der er stor økonomisk frihed ved at bo og leve minimalistisk. Når der ikke skal tjenes så mange penge hver måned, så bliver man mere fri til at være idealistisk og bruge sin tid og energi på det, man brænder for, og som der ikke nødvendigvis er mange penge i. Heldigvis behøver man ikke tjene mange penge for at få en god økonomi; man kan også bare lade være med at købe en masse overflødige ting og sager.

Refleksion: Hvis du også har flere ting, end du har brug for, så prøv at reflektere over disse spørgsmål: Hvilke af de ting, du allerede har, ville du blive mere fri ved at skille dig af med igen? Hvilke af de ting, du drømmer om at have, vil stjæle din frihed?

PARFUME: TØR DU LUGTE AF DIG SELV?

Jeg bruger ikke parfume. Jeg vasker tøj, bolig, hår og krop i parfumefri produkter, og jeg bruger en parfumefri antiperspirant under armene. Mennesker lugter bedst, når de lugter rent af sig selv, synes jeg. Ideen om, at vi skal lugte af noget andet end os selv, er absurd. Parfume gav måske en smule mening i gamle dage, hvor hygiejnen var dårlig – som en slags camouflage. Men nu om stunder er der ingen grund til at bruge parfume, med mindre du ikke kan tåle vand og sæbe. Der er i øvrigt også mange for tiden, der udvikler decideret overfølsomhed overfor parfume.

Øvelse: Hvis du plejer at bruge parfume, så prøv at gå i bad med parfumefri produkter. Hvor længe kan du gå, før du begynder at lugte dårligt? Find en ven eller veninde, der vil lægge næse til forsøget. Og hvad er forskellen på at lugte *dårligt* og at lugte af *dig selv*, af menneske? Hvad nu hvis du faktisk går og udskiller nogle tiltrækkende duftstoffer, som parfumen ellers ville camouflere over? Hvad nu hvis *du* er meget mere lækker end din parfume?

Apropos skønhed via camouflage: Er det ikke også tankevækkende, at vi lever i et samfund, hvor mange kvinder føler, at de er nødt til at tage en maske på i form af make-up, før de bevæger sig ud i verden?

TØJMODE: TØR DU GÅ MED SOKKER I SANDALERNE?

Jeg er holdt helt op med at følge tøjmoden, og jeg køber kun nyt, når det gamle er slidt op. Der er stor frihed i at være ligeglad med mode. Og der er mange penge at spare, når man har gjort sig fri af modediktaturet. Mode er skabt for at lokke folk til at købe tøj, som de ikke har brug for. Den gigantiske, unødvendige tøjproduktion er i øvrigt en stor belastning for planetens ressourcer og miljøet.

Øvelse: Hvis du også er en slave af tøjmoden, så prøv at gå med sokker i dine sandaler på gaden, eller hvad det ville svare til for dig af være "modekikset". Jeg har selv været ude for at blive tiltalt på gaden i København af en ung mand med ordene "hold kæft hvor er du kikset", mens han hånligt kiggede ned på mine sokker i sandalerne. Det er virkelig mærkeligt, at der nærmest er en kollektiv mobberet overfor folk, der går med sokker i sandaler. Det er jo for pokker bare sokker! Det eksempel siger en del om, hvor meningsløse de kollektive opfattelser kan være, og hvordan vi kan dekonstruere dem ved blot at begynde at tænke lidt dybere.

KARRIERE: TØR DU VÆRE IDEALIST I STEDET FOR KAPITALIST?

Det er efterhånden mange år siden, at jeg droppede at have en karriere i traditionel forstand. Da jeg først havde smagt på penge, magt og status i arbejdslivet, så mistede jeg hurtigt interessen for det. Det føles simpelthen tomt. Når jeg nu er selvstændig, så er det ikke fordi jeg synes, at det er fedt at drive virksomhed og lave forretning. Det er simpelthen fordi, at jeg elsker at være fri. Fri til selv at bestemme, hvad jeg vil lave og for hvem. Og fri til at bestemme over min egen arbejdstid. Fri til at være idealist i stedet for kapitalist. Det er også derfor, at min virksomhed kun består af mig selv. Der skal selvfølgelig også tjenes nogle penge, men det hjælper gevaldigt på pengepresset, når jeg samtidig har sluppet moden, materialismen og andre pengekrævende, falske værdier.

Refleksion: Hvornår har du fået karriere nok? Er der et mål, eller er det bare skruen uden ende? Hvad er *meningen* med dit arbejde? Hvad er det for en sag eller et produkt, du arbejder for at fremme direkte eller indirekte via dit arbejde? Hvorvidt stemmer det overens med din etik og dine værdier?

KRAM: TØR DU KRAMME MED EN FREMMED?

Jeg etablerede Danmarks første krammeklub (Østerbro Krammeklub) i 2015. Min mission er at fremme bevidst fysisk berøring som en integreret del af holistisk sundhed. Det er godt nok også noget, som folk synes er underligt i en kultur som den danske, hvor kærlig, fysisk berøring mellem mænd og kvinder bliver opfattet som anmassende og seksuelt. Danmark er på flere måder desværre et meget berøringsangst samfund. Det forhindrer mig dog ikke i at fortsætte min krammemission og anbefale folk at få flere krammevenner.

Øvelse: Prøv at spørge en fremmed, om du må give ham eller hende et kram. Vælg en som du har lyst til at give et kram, og som du fornemmer godt kunne trænge til det. Hvordan var det? Prøv at spørge en, som du plejer at kramme med, om han eller hun har lyst til at prøve at kramme med dig i længere tid. I bestemmer selv, hvor lang tid det skal være, men det kan f.eks. være 20 sekunder som en stående omfavnelse. Jo længere tid, des bedre. Læg mærke til, hvordan I har det før, under og efter krammet.

FORHOLD: TØR DU HAVE FLERE KÆRESTER SAMTIDIG? ELLER SLET INGEN?

Jeg sprang ud som polyamorøs i 2015. Det betyder, at jeg trives bedst i kærlighedsforhold med flere kvinder samtidig – i fuld åbenhed for alle involverede parter. Det er i dén grad også noget, der bliver misforstået og opfattet som mærkeligt. Jeg prædiker ikke polyamori til andre. Hvis der er noget, jeg prædiker, så er det *friamori*, altså at sætte kærligheden fri og finde sin naturlige forholdsstil. At polyamori er sandt og godt for mig, betyder jo ikke, at det også er sandt og godt for dig. Jeg siger bare, at det med forhold *kan* organiseres anderledes, end de fleste går rundt og tror. Jeg synes i øvrigt, at selve *kæreste*-begrebet er meget belastet af gensidige og udefrakommende forventninger, der omfatter en voldsom indskrænkelse af den individuelle frihed. Alternative, frihedsbaserede betegnelser for kærestelignende relationer som f.eks. 'elsker' eller 'hjertevenner' er også belastet af misvisende betydninger, hører jeg fra mange.

Refleksion: Hvis du kunne vælge frit, hvilken forholdsstil ville du så vælge? Monoamori (én kæreste ad gangen), polyamori (to eller flere kærester på én gang) eller slet ingen? Hvor er du mest fri til at være alt det, du er eller ønsker at blive? Hvis 'kæreste' ikke klinger så godt i dine ører, hvad vil du så kalde det i stedet for? Hvordan kan du udleve din forholdsstil uden at forvolde skade på andre?

Apropos romantik og illusioner: Hvis du nogensinde har prøvet netdating, så ved du, hvor let det er at opbygge illusioner, der ikke har noget med virkeligheden at gøre.

SEX: TØR DU LØFTE DIN ÅND MED ENERGISEX?

Danmark er pornoens land på godt og ondt, og det er nok en vigtig grund til, at det er den fysiske sex, som vi er så besatte af i vores kultur. Fysisk sex er ud over at være fysisk også drevet af begær. Begær efter romantisk sammensmeltning, udlevelse af fantasier eller simpelthen udløsning, så man kan få ro på igen, dvs. lyst til ikke at have lyst, paradoksalt nok. Men der findes også en helt anden form for sex, energisex, som i sin natur er uden begær, og som kan foregå uden berøring af kønsorganer og uden nøgenhed. Så man kan diskutere, om energisex overhovedet er sex. Når det er helt uden fysisk sex, så kan man f.eks. bare kalde det energikram eller et bevidst møde mellem den maskuline og den feminine pol. Både kvinder og mænd har både en maskulin og en feminin pol, så det handler egentlig ikke om køn. Ubalancen mellem fysisk sex og energisex er relateret til den generelle ubalance mellem begær og nydelse i det moderne samfund. For meget *begær* (og her tænker jeg ikke kun på det seksuelle begær, men sex er et godt sted at øve sig) er en fundamental årsag til mange af de store problemer i vores samfund. For meget begær – eller rettere *klamren* sig til begær – efter magt, penge og berømmelse.

Øvelse: Prøv at have sex med din partner uden at tage tøjet af, uden at kysse og uden at berøre kønsorganerne. I kan f.eks. bare kramme. Prøv at tune ind på energikanalen i stedet for sexkanalen. Træk vejret dybt, giv slip på spændinger og mærk hele din krop. Lad kroppen bevæge sig, hvis den kalder på det. Det er faktisk muligt at få orgasme – energiorgasme – på den måde. Jeg ved godt, det lyder mærkeligt, hvis man ikke har mærket det på egen krop. Når du får det til at virke for dig, og det kan godt tage lang tid med bevidst seksualitet, så mærk efter hvordan du har det bagefter sammenlignet med, når du har dyrket almindelig fysisk sex med udløsning.

STOFFER: TØR DU UDVIDE DIN STOFBEVIDSTHED?

Jeg er opvokset til at tro, at alle forbudte, narkotiske stoffer bare er *megafarlige* at indtage. De eneste stoffer, jeg eksperimenterede med i min ungdom, var bomuld og polyester. Så det var noget af en grænse at overskride, da jeg også begyndte at eksperimentere med cannabis og psilocybinsvampe. Det er selvfølgelig kun noget, jeg har eksperimenteret med, når jeg har befundet mig et sted i udlandet, hvor den slags har været lovligt. Det er min erfaring, at bevidst indtagelse af de rigtige doser og former for cannabis og psilocybinsvampe fremmer indsigt og balance i sindet, specielt potmeditation kan give overraskende og dybe indsigter i sig selv og verden. Men jeg forstår ikke, at mange angiveligt tager disse stoffer til fester. Jeg opfatter dem som spirituelle virkemidler, der skal indtages med respekt og i en indadvendt, meditativ tilstand. Jeg har ikke eksperimenteret med andre stoffer, og hvis jeg skulle det, så er det kun de psykedeliske stoffer, som jeg finder interessant. Cannabis og psykedelika kan *udvide* vores bevidsthed, hvorimod andre stoffer inkl. alkohol er mere egnet til at *bedøve* den. Og lad os så få gjort cannabis helt lovligt også i Danmark!

Refleksion: Hvis du tager ulovlige stoffer, der påvirker din sindstilstand, så prøv at stille dig selv disse spørgsmål: *Hvad* tager du? Hvordan kan du vide, hvad det egentlig indeholder? *Hvorfor* tager du? Er det for at blive mere eller mindre bevidst? Er du bruger eller misbruger? *Hvordan* tager du det? Mon det kan indtages på en sundere måde? *Hvor meget* tager du? Måske er en mindre dosis nok? Prøv at mærke efter. Og husk så at gå på politistationen og meld dig selv.

OCD: TØR DU VÆRE ÅBEN OM DET MEST PINEFULDE OG PINLIGE I DIT LIV?

Jeg er åben om, at jeg har den psykiske lidelse OCD, og at jeg har døjet med den, siden jeg var barn. Det er ikke let at åbne op om noget, som man i mange år har opfattet som ekstremt pinefuldt og pinligt og derfor har holdt meget hemmeligt. Hvis jeg havde fjender, så ville jeg ikke ønske OCD for den værste af dem. Jeg valgte efter mange års terapi at få noget godt ud af min lidelse trods alt. Fordelen ved at have OCD og at gå i terapi mod OCD er, at man lærer på den hårde måde ikke at tro på tanker og trang. OCD er en hardcore mindfulness-lærer. At bakse med OCD skaber også en dyb længsel efter at blive fri i det hele taget, da OCD er som at være i mentalt fængsel. OCD er tilsyneladende kronisk i mit tilfælde, men jeg har ved at kombinere det bedste fra konventionel og alternativ behandling heldigvis fået symptomerne helt i bund. Hvis du synes, at jeg er mærkelig, så er det ikke på grund af OCD.

Refleksion: Hvad er *dit* mest pinefulde og pinlige problem? Er der noget, som du aldrig har sagt til nogen? Måske noget som du knap nok har erkendt overfor dig selv? Prøv at se i øjnene, hvordan du har det og prøv at tale om det med en, som du har tillid til. Hvordan er det at acceptere dig selv, som du er, og åbne op?

SUNDHED: TØR DU OPDAGE, HVAD SUNDHED *OGSÅ* ER?

Det er en myte, at sundhed især handler om kost, motion og at være slank. Jeg arbejder i dag med *holistisk* sundhed, dvs. sundhed med fokus på helhed og samspil. Det omfatter både fysisk, mental og social sundhed. Nogle gange udvider jeg det til også at omfatte global, politisk og spirituel sundhed. Det hele hænger sammen, og på alle planer handler sundhed om velvære, energi, frihed og fred. Det omfatter også de *metoder*, man bruger til at øge sundheden. Kostplaner, motionsprogrammer og slankekure virker i kraft af deres ydre-styrede og ofte fordømmende tilgange ofte forringende på i hvert fald friheds-dimensionen af sundhed. Hvis du arbejder med sundhed, så kender du nok til KRAM-faktorerne. Det er en forkortelse for Kost, Rygning, Alkohol og Motion. Jeg er gået fra KRAM til KRAMS, hvor jeg har tilføjet det fysiske kram (fysisk berøring er en sundhedsfaktor i sig selv) samt en række supplerende sundhedsfaktorer, der alle begynder med S.

Øvelse: Det er altid individuelt, hvad man vil få mest sundhedsfremme ud af at gå mere op i. Prøv at rangordne disse forskellige KRAMS-faktorer efter hvor vigtig, de er for dig nu. Du bestemmer selv, hvad hvert ord skal betyde, og om det er sundt, når det er der, eller når det ikke er der: Kost. Rygning. Alkohol. Motion. Rygning. Alkohol. Samtale. Sandhed. Sanitet. Sanselighed. Sex. Selskab. Selverkendelse. Selvforsyning. Selvforsvar. Seng. Serotonin. Siesta. Sikkerhed. Simpelhed. Sindsro. Sjov. Skema. Skidt. Sko. Skilsmisse. Skimmelsvamp. Skole. Skov. Skrive. Skyggesider. Slank. Slappe. Slippe. Slik. Slowmotion. Sluk. Slægt. Smag. Smerte. Smil. Sminke. Smitte. Smog. Småfolk. Snak. Snue. Sokker. Sol. Solidaritet. Sorg. Spil. Spiritualitet. Spisning. Spontanitet. Sport. Sprog. Spænding. Stearinlys. Stilhed. Stimulanser. Stoffer. Stoicisme. Stol. Stridighed. Stress. Strikke. Stræk. Stråling. Styring. Styrke. Støj. Støtte. Støv. Sygdom. Synge. Søvn. Sårbarhed.

EJER DU DINE TING, ELLER ER DET DINE TING, DER EJER DIG?

"Den, der ved, at han har nok, er rig."
Tao Te Ching

Lad mig lige udfolde den materialistiske illusion lidt mere, da den er meget fundamental.

Forbrug og materielle ting spiller en central rolle i demokratiske samfund med kapitalistisk økonomi. Et vist forbrug af fysiske ting er naturligvis nødvendigt for at opretholde livet og en god livskvalitet. Alle har brug for mad i munden, tøj på kroppen og et sted at bo. Sigmund Freuds nevø Edward Bernays (1891-1995) var en af de første til at hjælpe producenter af ting med at manipulere den offentlige mening om behovet for ting. (17) Han fik den geniale, bedrageriske idé at koble dækningen af psykologiske, følelsesmæssige behov til købet og forbruget af fysiske ting. Det har siden været den grundlæggende idé i al marketing. Han var også grundlæggeren af propaganda og moderne public relations. Det handler om at skabe mening. (18) Bernays var bl.a. rådgiver for den amerikanske præsident Woodrow Wilson i 1917 for at påvirke den offentlige opinion henimod støtte til amerikansk deltagelse i Første Verdenskrig.

Idéen om at fysiske ting er vejen til lykke er gennemgående i det moderne samfund. Fysiske ting bliver bl.a. solgt på det menneskelige behov for frihed. Realiteten er dog, at for mange, for store og for unødvendige ting ender med at reducere friheden.

Her er nogle eksempler på, hvordan det reelt er tingene, der ejer dig og reducerer din frihed:

- Hvis du køber en bolig, så er du ejet af gæld til banken, og du hænger selv på al vedligeholdelse og reparation. Du skal tilmed betale ejendomsværdiskat til staten og ejendomsskat til kommunen hvert år.
- Hvis du køber en dyr, stor og flot bil, så er du ejet af endnu mere gæld til banken, og du hænger på endnu flere udgifter til vedligeholde og reparation. Du bliver også fanget af bekymringer om ridser, parkeringspladser og køer. Og du bliver fanget af et pres for at bruge bilen mere, end du reelt har brug for, når den nu har kostet dig så mange penge. En gammel bil går lettere i stykker, så der ligger værkstedsregninger og truer. Hvis du ikke bor i byen, så kan bevægelsesfriheden ved at have en bil måske veje op på balancen mellem frihed og ufrihed ved bil.
- Hvis du har store, faste udgifter til ting, der skal betales hver måned, så er du ejet af dit job. Du er nødt til at arbejde meget, så du kan tjene meget, så du kan beholde dine ting og måske tilmed købe endnu flere ting, så du kan blive ejet endnu mere af dit job. Din løn i kroner bliver samtidig et afgørende punkt for, hvad du kan bruge din arbejdsmæssige tid og energi til. Din arbejdskraft bliver ejet af penge. Du bliver ekstra

sårbar for overtalende kommunikation, der truer din mulighed for at blive i dit job.

GØR KÆRLIGHED DIG FANGET ELLER FRI?

"Elsk jeres fjender, gør godt mod dem, der hader jer."
Jesus

Noget andet, som man kan blive upopulær af, er at forholde sig kritisk til den moderne kulturs besættelse og dyrkelse af den romantiske kærlighed. (PS: Livet er heldigvis ikke en popularitetskonkurrence.)

Der findes overordnet set mindst to forskellige slags kærlighed: betinget og ubetinget kærlighed. Det er mit klare indtryk, at når der i et samfund er ubalance mellem den romantiske, betingede kærlighed og den ubetingede næstekærlighed, så bliver det meget lettere for magthaverne at lokke folket med på krig. Det er f.eks. tilfældet i Danmark og USA.

Ideen om romantisk kærlighed er ikke ny, men den massive markedsføring af den er af nyere dato. Den romantiske kærlighed virker ikke kun som en illusorisk distraktion og falsk tryghedsskaber. Den romantiske kærlighed fremmer også den os-mod-dem-tænkning og opfattelsen af andre som potentielle trusler, som er den psykologiske forudsætning for krig. At blive polyamorøs løser ikke de fundamentale problemer ved den romantiske kærlighed (*amorien*) som sådan.

Romantikken er også lokkemaden til forhold, børn og familiære forpligtelser, der binder os yderligere på mund og hånd. Romantikken er også koblet til en tredje kærlighedstype, familiekærligheden, der ligeledes fremmer en skadelig os-mod-dem-tænkning, hvis den er ude af balance med næstekærligheden.

Ikke nok med at ægteskab bliver misbrugt som ejerskab (og det starter lang tid før man bliver gift), så har vi også de moderne normer om, at forældre bør være så meget sammen med deres børn som muligt. I gamle dage var det flokken, fællesskabet, der tog sig af børnene. I dag får man som forælder dårlig samvittighed, hvis man parkerer sine børn i en institution, mens man nyder sin frihed. Børn kræver penge, og det kræver, at man lader sig hundse endnu mere rundt af det økonomiske magtsystem. Jeg har selv ét barn, som i øvrigt bliver voksen (dvs. fylder 18 år) næsten samtidig med udgivelsen af denne bog. Hende elsker jeg over alt, og jeg har aldrig fortrudt noget, men jeg tør godt indrømme, at det med at være fuldtidsfar aldrig har faldet mig naturligt. At få barn var dog ikke årsagen til, at jeg valgte at blive skilt fra moderen. Det var tværtimod noget, der gjorde det yderst svært at gå. Ligesom den smerte, man på en måde påfører den, som man går fra, også gør skilsmisse til en yderst vanskelig proces.

Det betyder ikke, at vi skal forsage den romantiske kærlighed og holde op med at få børn. Vi skal bare udvikle et realistisk syn på det hele. Romantik og forelskelse er jo også dejligt, når man tager det for, hvad det reelt er og ikke, hvad man er blevet indoktrineret med fra Hollywood-film og popmusik. Forelskelse skyldes psykologiske projektioner og ved at blive bevidst om dem, så kan hver forelskelse leder til større selvindsigt. Men måske kan vi basere vores mest intime relationer på noget andet end flygtig forelskelse og romantik. Dette andet kan f.eks. være dyb holden af, dyb fortrolighed og energimæssigt match. Og forældre kan basere deres kærlige, respektfulde relation på deres fælles kærlighed til deres børn, uden at relationen mellem forældrene behøver være drevet af noget som helst andet.

Men det vigtigste er, at den romantiske kærlighed kommer i bedre balance med næstekærligheden i det samlede kærlighedsmix, hvis vi for alvor skal bruge kærlighed til at fremme fred og frihed for både os selv og andre. Og her er det en fordel at have børn, da man så altid har direkte adgang til den ubetingede kærlighed som følelse og intention.

I et kristent land som Danmark ville det også være oplagt at lytte mere til, hvad Jesus havde at sige om kærligheden. Det er mærkeligt, at det nærmest er tabu at dyrke kristendommen i et kristent land som Danmark. Det er meget mere trendy at gå op i buddhisme/mindfulness, hinduisme/yoga eller tao/tantra. Fælles for alle de forskellige religiøse og spirituelle retningers kærlighedsforståelse er, at kærligheden er ubetinget. Det er helt anden form for kærlighed end den romantiske kærlighed, der gennemsyrer vores kultur.

Husk også, at ubetinget næstekærlighed ikke betyder, at du nødvendigvis kan lide det, som den anden siger, gør eller står for. Det er ikke det samme som at trykke på *Synes godt om*-knappen på Facebook. Man kan sagtens elske dybt og være dybt uenig samtidig. Det er min erfaring, at denne form for kærlighed tværtimod gør det lettere at være uenige og udveksle opfattelser på en konstruktiv og frygtløs måde med fokus på sagen og ikke personen. Med den ubetingede kærlighed i ryggen kan du koncentrere dig om sagen uden at blive personlig. Kærlighed og konflikt bør gå hånd i hånd.

Øvelse: Prøv at gå en tur i din by, hvor du søger øjenkontakt med dine medmennesker, mens du i dit stille sind ønsker dem alt det bedste. Du kan f.eks. tænke sådan noget som "Må du være lykkelig. Må du være fri for lidelse. Må du leve i fred." Hvor du retter selve intentionen og følelsen mod den anden helt uden at forvente at få noget igen. Du skal ikke det *højt* til dem. Du skal bare ønske det. Hvordan var det? Hvis du vil arbejde endnu mere med udviklingen af den ubetingede kærlighed, så kan jeg anbefale buddhistisk metta-meditation, kristen Jesus-meditation eller en kombination.

BLIV FRI MED DE RIGTIGE SPØRGSMÅL

"Mennesket er fordømt til at være frit."
Jean-Paul Sartre

Der er ingen af mine faglige og personlige desillusioneringer, der er sket pludselig og problemfrit. Processen fra løgn til sandhed er til tider ganske ubehagelig. Jeg har altid oplevet en indre modstand, eller det der indenfor psykologien kaldes *kognitiv dissonans*. Det er det mentale ubehag, der opleves, når man indtager indbyrdes modstridende holdninger. Det gør man, når man bevæger sig fra en fundamental opfattelse til en anden fundamental opfattelse indenfor et område. Der har også været almindelig frygt for, hvad andre vil tænke om mig, når jeg mener og gør noget radikalt anderledes end dem. At tænke ud af boksen er en gradvis proces med små skridt. To skridt frem og et tilbage.

Det er i starten meget fristende at gå tilbage og bare sige, mene og gøre det samme, som de andre. Behovet for at være accepteret af flokken ligger dybt i os som mennesker. Heldigvis er det muligt at skifte flok og begynde at omgås nye mennesker, som det giver mere mening for dig at være sammen med. Du behøver ikke være alene, når du bevæger dig ud af boksen.

Hvordan finder *du* så ud af, hvad der er sandt, og hvad der er illusion for *dig*? Det kræver, at du for en stund kan leve med ubehaget og angsten ved at være i tvivl, mens du indsamler og vurderer beviser. Og tvivlen kan komme igen, selvom du lige troede, at du var blevet sikker.

Det er heldigvis ikke alt, der er illusioner. Meget er faktisk, som det giver sig ud for at være, selvom det er konstruktioner. Det er heller ikke nødvendigvis negativt at være underlagt en illusion. Det er formentlig også umuligt at blive fri af alle illusioner, selvom man dedikerer hele sit liv til det. Frigørelsen fra illusioner kan også omfatte, at du vælger dine illusioner bevidst i stedet for at lade andre diktere dem for dig. Når du først har accepteret tvivlen og fundet nysgerrigheden/længslen efter sandhed og frihed i din sjæl, så er du klar til at foretage selvstændig undersøgelse og refleksion.

Når vi søger de rigtige svar, så gælder det om at stille de rigtige spørgsmål. Her er nogle spørgsmål, som jeg ofte har stillet mig selv i min egen proces, hver gang jeg har vurderet et herskende narrativ og alternative narrativer:

- Hvordan ved vi det?
- Hvem har interesse i, at vi tror på det?
- Hvad er de konkrete beviser for og imod?

- Hvad siger din mavefornemmelse (intuition)?

Narrativer er de store fortællinger, der skaber vores fælles forståelse. Narrativer er dybest set ikke andet end tanker og overbevisninger. Det er ren psykologi. Konstruktiv desillusionering er derfor som sagt før som en slags kognitiv psykoterapi, hvor man bliver bevidst om og stiller spørgsmål ved negative overbevisninger. Det har vi brug for på både individniveau og samfundsniveau.

Hvis du for alvor vil være god til det, så vil jeg anbefale, at du lærer *mindfulness* og begynder at meditere regelmæssigt. Det vil også give dig en dybere indsigt i frihedens natur. Der vil altid være meget i både den ydre og den indre verden, der hænder for dig, og som du ikke kan ændre på. Og det er umuligt at være mindful og fri hele tiden. Det er simpelthen en fundamental betingelse ved eksistensen som menneske. Men du kan leve dit liv med en *intention* om mindfulness og frihed, så du stræber efter at leve livet med så meget bevidsthed og frihed som muligt. Friheden består så i, hvordan du *responderer* på det, der hænder for dig, uanset om det hænder i det ydre eller i det indre. Hændelser i det indre er f.eks. tanker og følelser. Hændelser i det ydre er f.eks. nyhederne i fjernsynet.

Der er bivirkninger ved alt, også ved bevidsthed og frihed. Når vi bliver mere bevidste, så mærker vi også lidelsen mere markant. Det kan være ganske ubehageligt. Når vi bliver mere fri, så mærker vi også den eksistentielle angst og fortvivlelse mere tydeligt. Det kan derfor være fristende at slå autopiloten til igen, vende tilbage i hamsterhjulet og bare gøre som de andre. Angst er prisen for frihed. Hvis du beslutter dig for at gå hele vejen i din erkendelsesproces, så kan jeg berolige dig med, at denne angst forsvinder igen, når du har skabt og opdaget ny mening og sammenhæng i dit liv og syn på verden.

5. MODERNE SUNDHED LIDER AF HERSKESYGE

"Det er ikke et sundhedstegn at være veltilpasset et gennemgribende sygt samfund."
Jiddu Krishnamurti

Der er altid politik (dvs. udøvelse af magt) i ernæring og sundhed, men ofte er den ubevidst og subtil. Denne magtudøvelse kan så være mere eller mindre sund (dvs. baseret på frihed og fred) i sig selv. Jeg vil opfordre alle, der arbejder professionelt med ernæring og sundhed til altid at være bevidste om dette.

Alle former for politik kan være mere eller mindre sund. Sund politik er baseret på og tilstræber at fremme velvære, fred og frihed for så mange som muligt. Sundhed kan derfor bruges som en universel målestok for kvaliteten af enhver politik. Indskrænkelser i friheden f.eks. via forbud er kun sundt, hvis det fremmer sundheden for andre. Det gør sig f.eks. gældende for hastighedsgrænser i trafikken, forbud mod spirituskørsel og rygeforbud på steder, hvor røgen rammer andre. Det gør sig f.eks. ikke gældende for mad, med mindre der er tale om gift. Mad, som det kan være usundt for nogen at spise for meget af, er ikke gift.

Sundhedspolitik er politik om sundhed, og det findes på alle niveauer i samfundet. Her gælder de samme krav til sund sundhedspolitik: den skal være baseret på og tilstræbe at fremme velvære, fred og frihed for så mange som muligt.

Flere og flere arbejdspladser udvikler og formulerer en sundhedspolitik. Arbejdspladser kan her vælge mellem to forskellige sundhedsparadigmer: det magtbaserede og det frihedsbaserede. Det magtbaserede sundhedsparadigme omfatter kontrol, krav og overvågning. Det magtbaserede sundhedsparadigme omfatter også det narrativ der hedder, at sundhed for den enkelte kræver, at personen får udarbejdet en plan af en sundhedsekspert. Den enkeltes opgave er at overholde planen, mens sundhedseksperten eller et ydre kontrolsystem motiverer, overvåger og giver feedback. Fællesskabet bliver indenfor dette paradigme misbrugt som et middel til at få folk til at gøre noget, som de ikke har lyst til.

Det frihedsbaserede sundhedsparadigme, som jeg er fortaler for, omfatter støtte til bevidsthed, viden og muligheder. Sundhedseksperters rolle er at formidle nuanceret og brugbar viden. Omgivelsernes rolle er at levere påmindelser om at være sundhedsbevidst og at sikre, at de sunde valgmuligheder bliver mere oplagte i hverdagen. Fællesskabet bliver brugt som et middel til at øge bevidsthed, viden og muligheder.

Det magtbaserede sundhedsparadigme er usundt og virker som en belastning for dem, der ikke i forvejen går meget op i sundhed. Den falske sundhed bliver endnu en stor kilde til stress i hverdagen. Det er hverken i arbejdsgiverens eller arbejdstagerens interesse. Det magtbaserede sundhedsparadigme er baseret på biologisme, hvor biologisk/fysiologisk sundhed blev ophævet til fælles moral i samfundet, som vi alle bør underkaste os. Det skal man lige have gennemskuet, før man kan skifte sundhedsparadigme. Det betyder ikke, at man fornægter den biologiske sundhed. Det betyder bare, at den biologiske sundhed rent etisk bliver underlagt humanistiske værdier som frihed, fred og forskellighed.

Et andet sundhedsområde med gigantiske summer af penge er behandlingen af de sygdomme (type 2-diabetes, forhøjet blodtryk, forhøjet kolesterol, hjertekarsygdom, gigt, ledsmerter, m.v.), der følger af den moderne livsstil (usund kost, tobaksrygning, for meget alkohol, fysisk inaktivitet, svær overvægt og kronisk stress). Medicinalvirksomheder, der har udviklet, patenteret og dokumenteret medicin mod livsstilssygdomme, kan tjene milliarder af kroner hvert år på salget af blot et enkelt kemisk stof.

Disse store medicinalvirksomheder har enorm magt (fordi de har enormt mange penge), og de har en stor interesse i to skadelige ting for folkesundheden. For det første er det i medicinalindustriens interesse, at befolkningen bliver ved med at leve usundt, da kundegrundlaget ellers forsvinder. For det andet er medicinalindustrien interesseret i at bekæmpe effektive metoder til bæredygtig livsstilsændring. Dels for at sikre kundegrundlaget og dels for, at deres medikamenter kan fremstå som effektive i videnskabelige undersøgelser. Her bliver medicinen typisk sammenlignet med livsstilsintervention uden medicin. Jo mindre effektiv denne kontrolbehandling (livsstilsintervention) er, des mere effektiv vil medicinen fremstå. Det er min opfattelse, at dette system blokerer for den forskningsmæssige fusion af ernæring, psykologi og praksis, der er nødvendig for at udvikle reelt effektive metoder.

Det herskesyge sundhedsparadigme bliver markedsført intensivt af medierne, hvor de får velvillige sundhedseksperter til at stille op og herse med folk. Fortællingen er: "Du kan ikke finde ud af noget selv. Du har brug for os, vores eksperter og vores næste superkur." Det skaber en indlært hjælpeløshed, hvis skadelige omfang i mennesker og samfund vi kun kan gisne om. Indlært hjælpeløshed er i hvert fald hverken i arbejdsgiveres eller arbejdstageres interesse i forbindelse med sundhedsfremme på arbejdspladsen. Systemet er der og fortsætter, fordi det er mediernes og eksperternes interesse at fastholde ideen om sundhedsmæssig hjælpeløshed. Så køber folk det næste nummer af bladet, de booker den næste tid hos sundhedsindpiskeren, og de køber hans næste bog med lækre, sunde opskrifter. Og i og med at denne tilgang til sundhed ikke passer til de fleste mennesker, så fører det ikke til varige forandringer og forbedringer. Kunderne kommer tilbage eller cirkulerer rundt, indtil de bliver kunder hos medicinalvirksomhederne , lægerne og hospitalerne.

Problemet med frihed er, at vi ikke kan finde ud af, om vi vil have det eller ej. Vi er ikke rigtig klar til betale den pris, som friheden koster (bl.a. angsten ved at skulle vælge selv). Så vi er lette at lokke med programmer, der fjerner denne angst. Vi har her at gøre med et fundamentalt paradoks ved den menneskelige eksistens, som jeg nok ikke får løst med denne bog.

6. KONSPIRATIONSTEORIER SOM VÅBEN

"Intet er så praktisk som en god teori."
Kurt Lewin

Ligesom den videnskabelige forskning i og de generelle opfattelser af sund og usund mad er farvet af alle mulige andre interesser end den objektive sandhed og optimal sundhed, så skulle det da være meget mærkeligt, hvis der ikke også var meget andet på spil i 9/11-sagen, tænkte jeg. Og både med mad og 9/11, så er der store økonomiske interesser på spil, og ingen af emnerne er eksakte videnskaber, så der er et stort spillerum for retorik, propaganda og manipulation. Så jeg overførte simpelthen min tilgang til ernæring til 9/11, og hvad deraf fulgte.

Der er også utroligt mange konspirationsteorier indenfor ernæring, hvoraf jeg gennem tiden har set nærmere på flere af dem og afsløret dem som fup. Konspirationsteorier og andre former for alternative teorier om ernæring er ofte blot et andet forsøg på at opnå magt og tjene penge på at sælge diverse produkter eller simpelthen underholdning.

Det er sådan set ligegyldigt, hvad det er for en form for teori. Officiel teori, konspirationsteori, alternativ teori, osv. Det afgørende er, hvad beviserne for og imod teorien siger. Det er den videnskabelige metode. Det er i den forstand egentlig også ligegyldigt, hvilken teori der er flest penge i for hvem. Det er ikke et bevis i sig selv, men det er et vink med en vognstang om, hvor man skal være ekstra på vagt for organiseret overtalende kommunikation.

Konspirationsteorier kan også være en anden måde at beskrive det økonomisk-politiske system, der driver eller hæmmer bestemte former for forskning og udvikling. Jeg har f.eks. lavet min egen konspirationsteori om slankekure og diætbehandling af overvægt. Grunden til at man bliver ved med at forske i slankekure til behandling af overvægt er, at det får lægemidler mod overvægt til at fremstå som mere effektive, end de reelt er.

Jo mere ineffektiv kontrolbehandlingen er, des mere attraktiv (og statistisk signifikant) fremstår det lægemiddel, som man kan tage patent og tjene milliarder på. Det samme gør sig gældende for lægemidler mod følgesygdomme af overvægt som f.eks. type 2-diabetes. Der behøver ikke være tale om en bevidst sammensværgelse. Det kan simpelthen bare være en konsekvens af en masse mennesker, der i et kompliceret og ukoordineret samspil gør det, der er flest penge i.

Psykologisk forskning har vist, at tro på konspirationsteorier er drevet af motiver om at forstå sine omgivelser, at føle sig eksistentielt tryg og sociale motiver om at føle sig som en del af en gruppe. Forskningen viser også, at hvis man først tror på én konspirationsteori, så vil man være tilbøjelig til også at tro på en anden. Også selvom den anden konspirationsteori rent logisk er i modstrid med den første konspirationsteori. Man kan f.eks. tro på, at jorden *både* er flad og rund, selvom de to konspirationsteorier udelukker hinanden. Optagethed af konspirationsteorier kan slå den logiske tænkning ud af funktion. (19)

Men hvad er en 'konspirationsteori' egentlig? 'Konspiration' betyder sammensværgelse. 'Teori' betyder hypotese. Så en konspirationsteori er en hypotese om sammensværgelse. Begrebet 'konspirationsteori' bliver i politik og journalistik oftest anvendt nedsættende om forklaringer af begivenheder, der er i modstrid med den officielle, herskende forklaring. Modstandere af konspirationsteorier opfatter dem som et lukket system, der ikke kan falsificeres, så de bliver dermed et spørgsmål om tro i stedet for bevis. Disse modstandere af konspirationsteorier ynder at kalde sig 'skeptikere'. (20)

Begrebet 'konspirationsteori' bliver i dag anvendt politisk til at latterliggøre enhver kritik af det etablerede system og dets bærende narrativer. Den psykologiske forskning i konspirationsteorier leverer skyts til denne anvendelse af begrebet i den verserende informationskrig. Det er jo videnskabeligt bevist, at konspirationsteoretikere tror på alt muligt, og at de ikke har nogen logisk sans. At kalde noget for en konspirationsteori eller nogen for en konspirationsteoretiker er simpelthen en måde at lukke munden på kritikere, ofte inden de når at fremføre deres argumenter og beviser. Denne anvendelse af begrebet er egentlig udemokratisk, da det hæmmer den frie debat om de historier, systemer og grundlæggende antagelser, som samfundet er baseret på. På den anden side, så er den anvendelse af begrebet også forståeligt i lyset af den informationskrig, der foregår i den digitale tidsalder. Det er en psykologisk krig om de narrativer og overbevisninger i den brede befolkning, der f.eks. gør det muligt at gå i selvforsvarskrig mod en anden part, selvom det reelt var nogle helt andre, der angreb dem. Meget smart – og meget bedragerisk. Men sådan er krig. Alle kneb gælder. Psykologi – især socialpsykologi – kan være en kraftfuldt våben.

I min research har jeg sporet den politiske anvendelse og våbengørelse af 'konspirationsteori' tilbage til et CIA-dokument fra 1967. (21) Her blev det anbefalet af CIA at anvende 'konspirationsteori' i den psykologiske informationskamp mod kritikere af Warren-rapporten. Det var den rapport, der formidlede den officielle forklaring om mordet på præsident John F. Kennedy: at det var Lee Harvey Oswald og ham alene, der skød og dræbte John F. Kennedy den 22. november 1963 i Dallas. Den 13. marts året forinden havde John F. Kennedy på det kraftigste afvist forslaget om Operation Northwoods fra USAs Joint Chiefs of Staff underskrevet af formanden Lyman L. Lemnitzer. (22)

Formålet med Operation Northwoods var at skabe påskud, der retfærdiggjorde amerikansk militærintervention i Cuba. Operationen skulle bestå i, at det amerikanske militær udførte militære angreb på militære og civile mål i USA med falske beviser, der giver Cuba skylden. Takket være John F. Kennedy blev planen aldrig udført. Men sagen viste mig, at det amerikanske militær tænker i falsk flag-operationer for at skabe påskud for krig, så det var ikke utænkeligt, som nogle af 9/11-konspirationsteorierne påstod, at USA på en eller anden måde selv stod bag 9/11. Det var i hvert fald en hypotese, som det var værd at undersøge nærmere, tænkte jeg.

7. ÆGTE PROPAGANDA MED FALSKE FLAG

'Falsk flag' er en betegnelse for en militær operation, hvor man får det til at se ud som om, at det var nogle andre, der gjorde det. Begrebet stammer fra gamle dagens krigsskibe, der var udstyret med flag, så de kunne identificeres. Ved at udstyre sit skib med et andet flag end sit eget, så kunne man udføre et angreb, som andre ville få skylden for. På den måde kan man f.eks. motivere en part til at gå i krig med anden part som selvforsvar på et falsk, bedragerisk grundlag.

Her er et uddrag af noget af det, som den amerikanske militære topledelse foreslog, at det amerikanske militær skulle gøre, få det til at se ud som om, at det var Cuba, der havde gjort det, hvorefter USA kunne have nationalt og international støtte til at invadere Cuba: (22)

- Anvende chikane og bedrag for at fremprovokere en reaktion fra Cuba
- Starte falske rygter om cubansk aggression via hemmelig radio
- Bruge USA-venlige cubanske skuespillere til falske angreb på amerikansk militærbase tæt på Cuba
- Sprænge et amerikansk skib i stykker og give Cuba skylden inkl. iscenesat redningsaktion af det ikke-eksisterende mandskab
- Sprænge et ubemandet dronefly i luften og give Cuba skylden
- Begå terrorangreb mod cubanske flygtninge i USA
- Udarbejde falske dokumenter der beviser, at det var Cuba, der gjorde det
- Udklæde et amerikansk fly som et cubansk MIG-fly og chikanere civil flytrafik og angribe militære mål
- Få kapring af amerikanske civile fly og skibe til at se ud som om, at de er godkendt af den cubanske regering
- Skyde et amerikansk civilfly ned med et falsk cubansk kampfly, f.eks. en gruppe universitetsstuderende med interesse i at booke et fly udenfor de etablerede ruter, hvor det rigtige fly og passagerne bliver erstattet af et dronefly

USAs militære ledelse havde heldigvis ikke held med Operation Northwoods til at starte en krig mod Cuba, men det var kun takket være Præsident Kennedy. Ni måneder efter mordet på John F. Kennedy lykkedes det så til gengæld Kennedys efterfølger i præsidentembeddet Lyndon B. Johnson at få kongressens godkendelse til konventionel, åben krig mod kommunistiske Nordvietnam. En anden krig som Kennedy var skeptisk overfor, og som havde givet ham mange politiske modstandere. Den udløsende begivenhed for Vietnam-krigen var Tonkin-episoden, hvor USA påstod, at to krigsskribe var blevet angrebet af nordvietnamesiske både den 2. og 4. august 1964. Det gav opbakning i den amerikanske befolkning til at sende soldater ind på landjorden i Vietnam. Først mange år efter afslutningen på Vietnamkrigen kom det frem fra et internt National Security Agency historisk studie i år 2005, at i hvert fald et af disse angreb og muligvis begge angreb slet ikke var sket og i hvert fald ikke som først rapporteret. (23)

Krigshistorien indeholder mange virkelige eksempler på falske flag og andre bedrag som påskud for at starte krig eller opnå andre politiske mål, som der ellers ikke er opbakning til. Den østrigske regering anvendte bosnieren Gavrilo Princips mord på Østriens ærkehertug Franz Ferdinand i Sarajevo den 28. juni 1914 til at få det til at se ud som om, at den serbiske regering stod bag. Det blev starten på 1. Verdenskrig, der varede fra 1. august 1914 til 11. november 1918. (24)

Nazi-Tyskland startede 2. Verdenskrig – invasionen af Polen – med et falsk flag-angreb på den tyske radiostation *Sender Gleiwitz* på aftenen den 31. august 1939. Angriberne var nazi-tyskere forklædt som polakker. Så det så altså ud som om, at det var Polen, der angreb Tyskland. Flere andre tilsvarende falsk flag-angreb skete den aften. Næste morgen invaderede Tyskland så Polen, hvor angrebene under falsk flag aftenen inden havde fået det til at se ud som om, at det var Polen, der startede krigen. Den tyske befolkning blev dermed forledt til at tro, at invasionen af Polen var retfærdigt selvforsvar. (25)

Israel har en særligt omfattende og udtalt tradition for at bruge terror under falske flag til at opnå politiske mål. Allerede før grundlæggelsen af staten Israel den 14. maj 1948 udførte israelske nationalister (zionister) den 22. juli 1946 et terrorangreb på King David Hotel i Jerusalem. Det var den zionistiske organisation Irgun, der udførte bombeangrebet på hotellet, der rummede det britiske hovedkvarter i Palæstina og den palæstinensiske regering. 91 mennesker blev slået ihjel. De zionistiske terrorister var forklædt som arabiske arbejdsmænd og hoteltjenere, da de plantede en bombe i kælderen i hotellets hovedbygning. (26) Zionisternes formål var formentlig at presse briterne ud af Palæstina, få araberne til at fremstå som terrorister og dermed realisere målet om etableringen af staten Israel i Palæstina. Hovedmanden bag terrorbombningen af King David Hotel var Menachem Begin, lederen af Irgun. Han stiftede senere det israelske parti Likud og blev udnævnt til Israels premierminister i 1977-1983. (27)

I sommeren 1954 udførte Israel Operation Susannah i Egypten. Det var en falsk flag-operation, hvor egyptiske jøder blev rekrutteret af Israels militære efterretningsvæsen til at plante bomber inde i Egypten. Målene var amerikansk og engelsk ejede civile mål, biografer, biblioteker og amerikanske uddannelsesinstitutioner. Det Muslimske Broderskab, egyptiske terrorister og egyptiske nationalister skulle have skylden. Formålet var at skabe et miljø med så meget vold og ustabilitet, at Storbritannien ville beholde deres besættelsestropper omkring den egyptiske Suez Kanal, hvilket var i Israels interesse. Operationen blev afsløret, inden den blev realiseret. Den blev siden kendt som Lavon Affæren efter den israelske forsvarsminister Pinhas Lavon. (28)

8. juni 1967 angreb israelske kampfly og torpedobåde det amerikanske skib USS Liberty i internationalt farvand. 34 mistede livet og 171 blev såret. Angrebet fandt sted under Seks Dages Krigen mellem Israel på den ene side og fire arabiske lande (Egypten, Syrien, Jordan og Irak) på den anden side. Israels angreb på USS Liberty var formentlig et forsøg fra Israels side på at

give Egypten skylden for dermed at trække USA ind i krigen på Israels side. Det vil sige et angreb under falsk flag for at få USA til at bekæmpe Israels krig. (29)

Der er således god dokumentation for, at USAs ledelse har tænkt i falsk flags-terror, og at Israels ledelse ikke kun har tænkt, men også udført flere falsk flags-terrorangreb for at opnå deres politiske mål.

8. ET DYBERE DYK NED I 9/11-SAGEN

"Vi bør lede efter, hvad der er, og ikke hvad der burde være."
Albert Einstein

Tilbage til fysikundervisningen og Bygning 7.

Bygning 7 var som sagt den tredje skryskraber, der kollapsede ved terrorangrebet den 11. september 2001 i New York. Indtil 2016 havde jeg kun hørt om to skyskrabere, der kollapsede; Bygning 1 og Bygning 2 i World Trade Center bygningskomplekset. Bygning 7 blev ikke ramt af noget fly; det var kun Bygning 1 og 2 (tvillingetårnene), der blev ramt af et fly hver. Det gav umiddelbart god mening, at to fly kunne få to bygninger til at styrte sammen. Mystikken begyndte at sprede sig, da jeg hørte om Bygning 7, og da jeg havde set David Chandlers udlægning af sagen. To fly. Tre skyskrabere. Så jeg besluttede mig for at dykke ned i sagen. Dybt ned i sagen.

Syv år efter 9/11 udkom den officielle, faglige rapport om Bygning 7s kollaps. (30) Den blev udført af NIST (National Institute of Standards and Technology), der er en del af US Department of Commerce (USAs regeringskontor for handel). Ifølge NIST kollapsede Bygning 7 som følge af brand, der opstod som følge af nedfald fra Bygning 1, da den bygning kollapsede som følge af flyet, der fløj ind i bygningen. Bygning 1 kollapsede kl. 10:28. Bygning 7 kollapsede kl. 17:20. Der var på flere måder tale om en historisk begivenhed. Det var første gang i verdenshistorien, at en stålbaseret skyskraber kollapsede som følge af brand. Brandene i Bygning 7 svarede til tidligere tilfælde, hvor brandene i høje bygninger havde fortsat i flere timer på grund af defekter i eller fravær af sprinkleranlæg. Men disse andre bygninger kollapsede ikke. De brændte bare, mens selve stålrammen blev stående. Kollapset af Bygning 7 beskriver NIST som et progressivt kollaps. Branden fik et område til at give sig, hvorefter hele den overliggende del faldt ned som en samlet enhed og spredte skader hele vejen ned i bygningen, ifølge den officielle forklaring.

NIST konkluderede også, at sprængning ikke spillede nogen rolle i Bygning 7s kollaps. Den konklusion baserer de på, at sprængninger som ved kontrolleret nedrivning ikke er nødvendige i deres computersimulationer af Bygning 7s kollaps. De påstår endvidere i rapporten, at ingen vidner hørte sprængninger. (30) Så Bygning 7 kollapsede som en indirekte følge af det fly, der fløj ind i Bygning 1 (brandene i Bygning 7 opstod som følge af nedfald fra Bygning 1). NIST-rapporten understøtter dermed den officielle historie om 9/11.

Det springende punkt er, om Bygning 7s kollaps virkelig kunne lade sig gøre rent fysisk uden anvendelse af sprængstoffer. Hvis det ikke kunne lade sig gøre, så må der have været flere gerningsmænd end de påståede flykaprene og deres islamistiske terrorbagmænd. Det ville underminere hele den officielle historie med vidtrækkende konsekvenser, herunder at krigen i Afghanistan blev ført uden tilstrækkelige beviser. Fysiklæreren Chandler (16) var den første, der gjorde mig opmærksom på det, men han var langt fra den eneste med samme konklusion, fandt jeg hurtigt ud af.

Architects & Engineers for 9/11 Truth er en forening af flere end 3.000 uafhængige arkitekter og ingeniører dedikeret til at undersøge sagen om Bygning 7. (31) Det vil sige en stor gruppe fagfolk med den rigtige ekspertise til at kunne vurdere sagen. Sagens kerne er fysikfaglig: Kan en bygning falde med frit fald acceleration uden anvendelse af sprængstoffer? Når noget falder i frit fald acceleration, så betyder det, at tyngdekraften er den eneste påvirkende kraft. Et progressivt kollaps vil ikke ske i frit fald acceleration, da underliggende bygningsmaterialer skaber en modsatrettet kraft mod den faldende bygningsdel, hvorved bygningen kollapser langsommere end frit fald.

Galileo (1564-1642) var den første til at beskrive det fysiske faktum, at alle objekter, der falder frit ned med ikke andet end luftmodstand, falder i samme acceleration. Acceleration er et mål for, hvor hurtigt farten stiger. Isaac Newton (1643-1727) viste i forlængelse af Galileo, at accelerationen af et objekt afhænger af dets masse og den samlede kraft, der påvirker objektet.

Hvis et objekt falder i frit fald acceleration, så er tyngdekraften den eneste påvirkende kraft, og alle andre kræfter er nul. Hvis et tungt objekt falder gennem andre objekter og ødelægger dem på vejen ned, så siger Newtons 3. Lov, at objekterne altid udgør lige og modsatrettede kræfter på hinanden. Så hvis et objekt falder ned og møder modstand fra andre objekter, så vil disse objekter skubbe tilbage og gøre faldet langsommere end frit fald. Hvis et objekt derimod falder i frit fald gennem objekter, så må der være andre kræfter, der fjerner modstanden, hvor strategisk placerede sprængstoffer som ved kontrolleret nedrivning er den mest oplagte forklaring. Ifølge David Chandler er Bygning 7s frie fald det mest tydelige af mange "smoking guns", der beviser, at der var plantet sprængstoffer i World Trade Center-bygningerne forud for 11. september 2001. (32)

NIST kom selv frem til, at en del af Bygning 7s fald skete i frit fald acceleration: 8 etagers kollaps fra tiden 1,75 til 4,0 sekunder. NIST forklarer det med, at bukkede søjler som følge af branden kun gav ubetydelig modstand til den faldende del af bygningen. (30) David Chandler fra Architects & Engineers for 9/11 Truth gør opmærksom på, at Bygning 7s frie fald starter pludseligt. Bygningen gik fra fuld støtte til ingen støtte på et øjeblik gennem hele bygningens bredde. NISTs forklaring med bukkede søjler kan ifølge Chandler ikke forklare accelerationen, pludseligheden og symmetrien i Bygning 7s kollaps. Til gengæld kan hypotesen om kontrolleret nedrivning forklare Bygning 7s frie fald let, simpelt og fuldstændigt. (33) Det er her vigtigt at huske Ockhams ragekniv, som er det filosofiske princip, at den forklaring, der kræver antagelse af færrest forudsætninger, er den bedste.

Når kontrolleret nedrivning er den mest logiske forklaring på det observerede kollaps af Bygning 7, så burde det have fået myndighedernes eksperter til at undersøge for sprængstoffer. Men det gjorde NIST ikke, hvilket bl.a. fremgår af NISTs svar på spørgsmål nr. 22 i FAQ om deres undersøgelse af World Trade Center-tårnenes kollaps. (34)

"Spørgsmål 22: Did the NIST investigation look for evidence of the WTC towers being brought down by controlled demolition? Was the steel tested for explosives or thermite residues?
NISTs svar: NIST did not test for the residue of these compounds in the steel."

Det er efter min opfattelse meget mistænkeligt, at ingen af de undersøgende myndigheder har undersøgt for sprængstoffer. Det kunne tyde på, at myndighederne har noget at skjule – eller er blevet pålagt ovenfra at skjule noget. Kunne 9/11 være et nyt i rækken af historiske falsk flag-angreb for at starte krig på falsk grundlag og gennemføre politiske ændringer, som man ellers ikke kunne få befolkningen med på? Kunne 9/11 være militærhistoriens største, mest udspekulerede og mest fatale falske flag?

Bygning 7 er dog ikke det eneste mystiske ved 9/11-sagen, der sår seriøs tvivl om den officielle historie. Der er bl.a. også mysteriet om flykaprerne og deres identitet. Det er ikke dokumenteret, at de påståede muslimske flykaprere overhovedet var ombord på de pågældende fly. Passagerlisterne til flyene omfattede bl.a. en mand, der stadigvæk var i live (Abdul Rahman al-Omari) og en anden mand på listen (Ameer Bukhari) havde været død i et år. 14. september 2001 leverede FBI deres endelige liste med flykaprerne. (35) Listen blev ikke understøttet af beviser på, at de 19 påståede, muslimske flykaprere havde været ombord på nogle af de fire fly. Den 23. september 2001 kunne bl.a. BBC rapportere, at mindst fire af personerne på listen var i live og havde det godt. (36) FBI har aldrig opdateret listen. Det er desuden bemærkelsesværdigt, at der fuldstændigt mangler dokumentation fra lufthavnene. Man kunne forvente videooptagelser m.v., da lufthavne jo er blandt verdens mest overvågede områder. (37) Det er min vurdering, at 9/11 er en af verdenshistoriens største kriminelle handlinger, hvor identiteten på de skyldige stadigvæk ikke kendes, simpelthen fordi sagen ikke blev undersøgt godt nok. Man kan så kun spekulere, om der er andre motiver bag den mangelfulde undersøgelse af sagen.

Min første offentlige udtalelse om 9/11 var et offentligt opslag på Facebook om Bygning 7. Jeg redegjorde for de ting, som jeg også har beskrevet i dette afsnit, og jeg beskrev min undren over, at sagen ikke var høj prioritet blandt journalister i den danske presse. Til min store overraskelse – ja, jeg var stadigvæk meget politisk naiv på det tidspunkt – så blev jeg verbalt overfaldet på Facebook af mange af dem, som jeg hidtil havde opfattet som ernæringsfaglige eller personlige venner. De beskyldte mig for at have mistet min evne til kritisk tænkning og vurdering af videnskab, når jeg var gået med på konspirationsteorien om 9/11. Der var samtidig en masse andre, som jeg ikke kendte, der begyndte at angribe mig på Facebook. Nogen af dem havde meget mystiske profiler.

Den uventede shitstorm fik mig til at trække følehornene tilbage for en stund og revurdere min vurdering af Bygning 7 og 9/11. Jeg studerede de officielle forklaringer og beviser igen og ekstra grundigt, men jeg kom igen frem til den samme konklusion: Der er simpelthen utilstrækkeligt med beviser for den officielle forklaring om Bygning 7 og hele 9/11-sagen til at retfærdiggøre de krigeriske og politiske konsekvenser, som begivenhederne den dag i dag har haft for hele verden.

HVEM GJORDE DET?

"Hemmeligheden ved at være lykkelig er, at man tør se i øjnene, at verden er frygtelig, frygtelig, frygtelig."
Bertrand Russell

Den officielle forklaring om 9/11 er, at det var muslimske terrorister i al-Qaeda, der stod bag, fordi de ikke bryder sig om vores frihed og demokrati i Vesten. Men både den påståede bagmand (Osama bin Laden) og hans opholdssted (hos Taliban i Afghanistan) nægtede flere gange at have noget med 9/11 at gøre. Det er selvfølgelig ikke et bevis på noget, men det ligner ikke islamistiske terrorister at tage så meget afstand fra deres terrorangreb. Se f.eks. Islamisk Stat/ISIS, der de sidste mange år har været meget hurtigt ude og tage æren for flere terrorangreb rundt omkring i verden. Hvorfor så ikke også tage æren for det største og mest succesfulde af dem alle? Det undrede mig. Så jeg begyndte at grave i, hvem der mon ellers kunne have interesse i det, der skete i kølvandet på 9/11.

En af mine nye politiske venner anbefalede mig at se nærmere på, hvad den amerikanske journalist og mellemøsthistoriker Christopher Bollyn var kommet frem til. Jeg begyndte at se et af hans foredrag på nettet, mens jeg googlede hans navn. De første links på Google omtalte ham som "hadskribent", "nazist" og "antisemit", så ham droppede jeg hurtigt igen. Det lå så dybt i mig, at man bare ikke må tale ondt om jøder, herunder Israel.

I min videre søgen opdagede jeg, at flere andre 9/11-forskere også nævnte Israel som dem, der muligvis var de reelle bagmænd bag 9/11-forbrydelserne. Så jeg gav hans online foredrag en ny chance. Det gik op for mig, at det faktisk slet ikke var jøderne, han mente stod bag 9/11. Det var *zionisterne*. Indtil da troede jeg, at jøde og zionist er to ord for det samme, men det er faktisk to meget forskellige ting. 'Jøde' henviser til den jødiske religion (jødedom), kultur og etnicitet. 'Zionist' henviser til israelsk nationalisme, som også kan omfatte en religiøs tro. Man kan være begge dele – altså både jøde og zionist – men man kan også være kun én af delene, eller ingen af delene, selvfølgelig. I USA er der mange kristne zionister, der støtter staten Israel og mange fundamentalistiske jøder, der er stærke modstandere af staten Israel. Så det var altså mere kompliceret end som så. (38)

Lad mig skære det helt ud i pap: Jøde og zionist er to forskellige ting. At kritisere zionisterne er ikke det samme som at kritisere jøderne. Zionisme er politik. Jødedom er religion. Hvorvidt zionisme er direkte misbrug af ægte jødedom, vil jeg lade folk med forstand på religion diskutere. Det er i hvert fald en vigtig debat. Det er min opfattelse, at jødedommen er blevet kuppet af zionisterne for at opnå politiske mål om magt i Mellemøsten. Alt kan misbruges. Også religion.

De militante, imperialistiske zionister i Israel i dag kan betragtes som en forlængelse af de falske jøder (de skriftkloge og farisæerne), som Jesus advarede os om i Det Nye Testamente. (39) Jødedommen har åbenbart en lang historie med at blive kuppet til politiske formål. Det er min opfattelse, af de ægte jøder er modstandere af staten Israel og baserer sig på den oprindelige Torah (den jødiske Bibel, der stort set svarer til Det Gamle Testamente i kristendommen) fremfor den nyere Talmud. Det gik langsomt op for mig, at det at være modstander af staten Israel faktisk er det modsatte af at være "antisemit" og "jødehader". Jeg opfatter anti-zionisme som pro-jødedom, og etableringen af staten Israel er ud fra et ægte jødisk perspektiv dybt blasfemisk. (40)

Men hvad kunne zionisterne få ud af at udføre 9/11 som et falsk flag-terrorangreb og give al-Qaeda skylden? Faktisk er det den perfekte begivenhed for at starte realiseringen af den såkaldte Yinon-plan. Den går ud på at dele Mellemøsten op i små stater og opløse alle eksisterende arabiske stater. Derefter kan Israel begynde at udvide sit territorium i retning af Stor-Israel. (41)

Med 9/11 blev USA motiveret for at føre Israels krige i Mellemøsten under påskud af, at de bekæmper "terrorister" (og ikke arabere, muslimer eller nationer som sådan) i landene i Mellemøsten. Det har vi i skrivende stund siden 9/11 foreløbig set realiseret eller forsøgt realiseret i Afghanistan, Irak og Syrien. I kølvandet på krigen i Irak skiftede al-Qaeda navn til Islamisk Stat og ISIS med fokus på Irak og Syrien. ISIS står som bekendt for 'Islamisk Stat i Irak og Syrien'. Det giver folkelig opbakning for USA og deres allierede (herunder Danmark) til at udføre ulovlige angrebskrige i fremmede nationer. (42)

Neo-konservative i USA er en anden gruppe, der tidligere havde fremført planer, der omfattede en begivenhed som 9/11. De neo-konservative ønsker at bruge amerikansk militærkraft til at opnå verdensherredømme. De manglede bare en ny Pearl Harbour, så der kunne komme fart i planen. (43) Det fik de så 11. september 2001.

Project for the New American Century blev grundlagt i 1997 og udgav i september 2000 rapporten *Rebuilding America's Defenses*. Målet var klart: at fremme Amerikas globale førerskab ved hjælp af det stærke amerikanske militær. Her skriver de på side 51: "Further, the process of transformation, even if it brings revolutionary change, is likely to be a long one, absent some catastrophic and catalyzing event – like a new Pearl Harbor." (43) Den 7. december 1941 blev den amerikanske flådebase Pearl Harbor ved Hawaii udsat for et overraskelsesangreb af en japansk flådestyrke inkl. angreb fra 350 fly. Flere end 3500 amerikanere døde eller blev sårede. Begivenheden udløse en formel krigserklæring til Japan den følgende dag, hvorved USA gik ind i 2. Verdenskrig. (44)

Project for the New American Century var en tænketank, der endte med at levere mange personer til George W. Bush's regeringsadministration og i det hele taget designe USA's imperialistiske udenrigspolitik. 9/11 skete nærmest præcist et år efter udgivelsen af *Rebuilding America's Defenses*, hvorved de fik deres nye Pearl Harbor, så planen kunne realiseres hurtigt. 9/11 var på den måde den ideelle begivenhed for både de militante neokonservative i *Project for the New American Century* og militante zionister, der ønsker Yinon-planen realiseret. Fælles mål kan lede til politisk partnerskab.

Den uafhængige, undersøgende journalist Christopher Bollyn har i tre bøger og en lang række artikler og præsentationer samlet og formidlet dokumentation for, at neokonservative zionister var på de centrale positioner i USA til at kunne gennemføre 9/11 og det følgende cover-up. Det indikerer både motiv og mulighed for denne fusion af imperialistiske kræfter (neo-konservatisme og zionisme). Disse personer burde derfor have været centrale i efterforskningen af 9/11-forbrydelserne. Men 9/11 blev fra starten opfattet som en krigshandling og ikke som en kriminel handling, hvorfor der aldrig blev udført en kriminalefterforskning. Til gengæld var både neokonservative og israelske politikere meget hurtige til at fortælle os via medierne, hvem der stod bag med historien om flykaprerne, al-Qaeda og Osama bin Laden. Og deres hurtige forklaringer blev "købt" af de etablerede medier og Vestens regeringsledere, uden at nogen stillede kvalificerede spørgsmål. (45) (46) (47)

Det siges, at hvis løgnen er stor nok, og hvis man bliver ved med at gentage den, så vil folk tro på den, og efterhånden vil man sågar også selv tro på den. Denne indsigt i propagandaens mekanismer bliver ofte tilskrevet Adolf Hitler og hans propagandaminister Joseph Goebbels, selvom ingen af dem ordret har sagt eller skrevet præcis det. Men der er måske noget om det alligevel.

DANMARKS OFRE TIL 9/11-KRIGENE

"Du må være den forandring, du ønsker at se i verden."
Mahatma Gandhi

USA var efter 9/11 meget hurtige til at ville invadere Afghanistan, som de påstod husede hjernen bag 9/11, Osama bin Laden. Det danske folketing besluttede i december 2001, at Danmark ville bidrage til den amerikanskledede, internationale indsats Operation Enduring Freedom i Afghanistan. De første danske soldater og materiel blev sendt afsted i 2002, og i 2006 besluttede Folketinget at sende soldater til Helmand-provinsen i Afghanistan, hvorefter danske soldater kom i egentlige krigshandlinger. (48) 2006-beslutningsforslaget blev vedtaget med 101 stemmer for (Venstre, Socialdemokratiet, Dansk Folkeparti, Konservativt Folkeparti, Radikale Venstre, Kristeligt Folkeparti) og 11 stemmer imod (Socialistisk Folkeparti, Enhedslisten, Thomas Edelskov (S) og Lissa Mathiasen (S)). (49)

Ifølge Forsvarsministeriets Personalestyrelse blev i alt 37 danske soldater dræbt under krigsdeltagelsen I Afghanistan (operation ISAF) fra år 2002. Dertil kommer 30 hårdt sårede og 182 sårede, som dog kun er oplyst fra år 2010. Den danske deltagelse i Irak-krigen (OIF) fra 2003, der også var en del af 9/11-konstruktionen om 'krigen mod terror' medførte, at 6 danskere blev slået ihjel og fra 2010 blev 19 såret. Til sammenligning er ingen danske soldater blevet dræbt ved FN-missioner fra 1992 og frem, 4 blev dræbt i Kroatien (UNPROFOR), ingen blev dræbt i Libanon, 1 blev dræbt i Bosnien-Herzegovina 1996-2004 og ingen i Kosovo fra 1999 (KFOR). (50) 9/11-krigene medførte således en voldsom stigning i antallet af danske soldater, der er blevet dræbt i krig.

Krigeren.dk (51) oplyser mere detaljeret, at 43 danske soldater er faldet under tjeneste i Afghanistan siden 2002:

- 26 blev dræbt af vejsidebomber
- 2 blev dræbt af selvmordsbomber
- 7 blev dræbt af skud eller mortergranater i kamp mod Taliban
- 2 blev dræbt da engelske soldater fejlagtigt affyrede missiler
- 1 blev dræbt af vådeskudsulykke
- 3 blev dræbt da de forsøgte af afmontere gamle missiler
- 1 begik selvmord
- 1 døde af en blodprop

Danmarks høje grad af involvering i USAs krige er også noget, der koster skatteborgerne mange penge. En opgørelse fra 2016 viste, at Danmark bruger 3800 kr. pr. indbygger pr. år på militær. Danmark er dermed på en 5. plads i militærudgifter blandt samtlige 27 NATO-lande i forhold til vores størrelse. Danmarks militærudgifter på 22 milliarder kroner pr. år svarer til ca. 1 % af bruttonationalproduktet (BNP). Det er dog kun det halve af de 2 % af BNP, som NATO via USA kræver. Den nuværende stigning i Danmarks militærudgifter skyldes primært en stigende opfattelse af, at Rusland udgør en trussel mod Danmark og resten af det vestlige Europa. (52)

I øvrigt: Hvis man synes, at det er et problem med for mange muslimske flygtninge i Danmark, hvad så med at holde op med at støtte de amerikansk-israelske krige i Mellemøsten, der er årsagen til denne flygtningestrøm? Den bedste kur er altid at fjerne årsagen.

RUSLAND: DEN FALSKE TRUSSEL

"In a time of universal deceit, telling the truth is a revolutionary act."
George Orwell

I de vestlige medier er der i de senere år sket en markant stigning i historier med gyserhistorien om, at Rusland er en stor og stigende trussel mod vores sikkerhed. Det er imidlertid svært at se rationalet bag, at Rusland skulle ønske at invadere Danmark eller andre lande i det vestlige Europa. Det er derimod let at se rationalet bag, at Rusland ønsker at styrke sit forsvar mod truslen fra USA og NATO. Rusland har militære baser i ni lande udenfor Rusland, hvoraf de fleste grænser op til Rusland. Til sammenligning har USA militære baser i 35 lande udenfor USA, hvoraf de fleste ligger meget langt væk fra USA. (53)

Det tyder på, at Rusland er en falsk trussel skabt af organiseret overtalende kommunikation. De nationer, der derimod udgør de store og reelle trusler mod verdensfreden for tiden, er først og fremmest USA og Israel. De er de eneste nationer med imperialistiske ambitioner. Alle andre nationer virker stort set tilfredse med verdens geografiske grænser, som de er nu, uden behov for at begå overgreb eller røveri mod andre nationer.

De vestlige mediers dæmonisering af Ruslands Putin svarer til tidligere tiders dæmonisering af Iraks Saddam Hussein og Libyens Moamar Gaddafi. Ruslands annektering af Krim-halvøen fra Ukraine er blevet udlagt som eksempel på en generel russisk aggression og imperialisme. Krims tilbagevenden til Rusland skete faktisk helt fredeligt og som følge af en folkeafstemning organiseret af parlamentet i Krim. (54)

9. ET FREDELIGT FOLK SKAL SNYDES I KRIG

"The only thing necessary for the triumph of evil is for good men to do nothing."
Edmund Burke

Al erfaring viser, at den brede befolkning i alle verdens lande ønsker fred. Den brede befolkning ønsker at leve i fred på trods af forskelle i religion, kultur, livsstil, værdier, ressourcer osv. Den brede befolkning ønsker ikke imperialistisk aggressionskrig for at erobre land. Det hører til i vores primitive fortid. Den slags krig er slet ikke i den enkeltes interesse. Tværtimod.

Hvis krig skal give mening for folket, så skal man opleve sig som under angreb. At gå i krig og udøve vold i det hele taget giver kun mening for fornuftige, næstekærlige mennesker som den sidste udvej ved selvforsvar. En stor og stigende andel af den amerikanske befolkning oplevede Vietnam-krigen som meningsløs. Det lykkedes fredshippierne i 1960'erne at trænge igennem til den brede befolkning med budskabet om Peace, Love & Harmony, og med et konkret budskab om at stoppe krigen. Godt hjulpet på vej af musikere som John Lennon, da han holdt op med at være popstjerne i The Beatles i april 1970. Han fik da lov til at være fri musiker, rebel og fredsaktivist, indtil han blev slået ihjel som 40-årig i 1980. Han lavede klassiske fredssange som "Give Peace a Chance", "Instant Karma", "Imagine" og "Happy Xmas (War Is Over"). Lennon blev slået ihjel tre måneder efter udgivelsen af albummet "Double Fantasy". Ifølge den officielle forklaring, så var det Mark David Chapman, der på egen hånd dræbte Lennon. Lennon var dog i perioden op til mordet overvåget af både CIA og FBI, der så ham som en trussel for den krig i Vietnam, som magthaverne ønskede at fortsætte. (55) Fredsaktivister bliver åbenbart opfattet som en trussel for magthaverne. Det burde være krigsaktivisterne, der var under overvågning. En anden vigtig faktor dengang var, at de almindelige medier viste den rå virkelighed om Vietnam-krigen. Det gør de ikke længere.

I demokratiske samfund er det nødvendigt at have befolkningens opbakning til de krige, som magthaverne ønsker at føre. Hvis man fortalte sandheden om, *hvorfor* man ønsker at gå i krig, så ville der i de fleste tilfælde opstå stor folkelig modstand mod krig. Magthaverne er derfor nødt til at *lyve*, så den ønskede krig kommer til at fremstå som enten nødtvungent selvforsvar eller en befrielsesaktion. Det er derfor forståeligt, at magthaverne så vidt muligt forsøger at kontrollere massemedierne, der formidler og vedligeholder de vigtige og skrøbelige krigsnarrativer.

Her er nogle eksempler fra historien på sandheder og løgne om krig:

Sandhed: Vi vil have Iraks olie og land
Løgn: Saddam Hussein er en ond diktator, der har masseødelæggelsesvåben

Sandhed: Vi vil have Syriens ressourcer, privatisere Syriens nationalbank og fremme Yinon-planen
Løgn: Bashar al-Assad er en ond diktator, der udfører giftangreb på sin egen befolkning

Sandhed: Vi vil have Afghanistans ressourcer og geostrategiske placering
Løgn: Afghanistan beskytter manden bag 9/11

Sandhed: Vi vil bekæmpe Libyens skabelse af egen guldbaseret valuta til oliehandel og samtidig stjæle landets ressourcer
Løgn: Muammar Gaddafi er en ond diktator, og nogen bliver nødt til at befri det libyske folk

Sandhed: Det militærindustrielle kompleks ønsker mere krig, fordi de vil tjene flere penge
Løgn: Vi er nødt til at bekæmpe terrorister over alt i verden for at forebygge terrorangreb i Vesten

Sandhed: Vi vil røve et land, fordi vi er grådige og magtliderlige

Løgn: Vi vil fremme demokrati, frihed og sikkerhed

De fleste krige er dybest set ikke andet end nationalt røveri drevet af magtbegær og materialistisk grådighed hos en lille magtelite.

De krigeriske nationer og alliancer har stærke kommunikationsafdelinger, der skubber de ønskede historier og forklaringer til alle de store, etablerede medier. Dermed skabes og fastholdes løgnehistorierne i sindene hos de enkelte borgere i de krigsførende nationer. Det skaber og fastholder befolkningens støtte til de ønskede krige eller i det mindste undgår man betydelig modstand mod dem.

Det letteste for medierne er at spille med, når de får krigsrelaterede nyheder serveret direkte eller indirekte fra de pågældende kommunikationsafdelinger i lækker og letfordøjelig form. Tiden og ressourcerne til selvstændig, journalistisk research er begrænset i moderne mediers konstante kamp for at maksimere brugere og indtægter. Der er ikke tid til selvstændig, undersøgende journalistik og faktatjek. Og det kan meget vel betyde bruger- og annoncørflugt, hvis et medie for alvor begynder at forholde sig kritisk til den officielle udlægning af verden. Det er på den måde også økonomiske interesser, der fastholder mediernes journalistiske adfærd i forhold til krig.

Nyheder om krig og terror er desuden dramatisk stof – gode historier rent journalistisk – så medierne har selv en interesse i krig fremfor fred. Fred er journalistisk set en dårlig historie. Fred er kedeligt. Det ændrer dog ikke ved det forhold, at medierne og journalisterne reelt kan opfattes som medskyldige i krigsforbrydelser, da de har haft muligheden for og den etiske/faglige forpligtelse til at stille de rigtige spørgsmål og grave efter sandheden. Medierne spiller den centrale rolle i skabelsen og fastholdelsen af bedraget og løgnen, der gør det muligt for magthaverne at starte og fortsætte deres krige. (56)

Min første offentlige udmelding om 9/11 var en dyb undren over, at danske medier og journalister ikke havde kastet sig frådende over Bygning 7. I min naivitet tænkte jeg dengang, at det da ville være en supergod historie, hvis det viser sig, at hele krigen mod terror er baseret på en løgn. Jeg er siden da blevet klogere på, hvordan medierne, også i Danmark, fungerer. Der er bare visse emner, som man ikke vil røre med en ildtang. Ingen tør gøre opmærksom på elefanten i stuen.

HVORFOR LYVER MEDIERNE?

"Al sandhed flyder gennem tre stadier. Først bliver det latterliggjort. Dernæst kommer der voldsom modstand. Til sidst bliver det accepteret som selvindlysende."
Arthur Schopenhauer

Under overskriften "Why Do Good Become Silent – Or Worse – About 9/11?" har Frances T. Shure lavet en grundig beskrivelse baseret på akademisk forskning og klinisk-psykologiske observationer. Frances T. Shure er Licensed Professional Counselor i USA med bl.a. to kandidatgrader og 20 års erfaring som psykoterapeut i bagagen. (57) Hendes problemformulering er meget enkel: *Hvorfor har der ikke været nogen seriøs sandhedssøgen i de etablerede mediers dækning af 9/11?*

Hendes dybdegående analyse kommer frem til, at det handler om, at medierne er drevet af frygt. Frygten kommer fra pres på medierne for at følge en konsensusopfattelse af verden. Dette pres kommer fra stærke enheder i samfundet og fra selve virksomhedsstrukturen i medierne. Dette pres skaber frygt, der florerer i nyhedsfabrikkerne:
- Frygt for ikke at nå forventningerne til fremgang i profit i det næste kvartal
- Frygt for lave seertal på TV-nyheder
- Frygt for at blive sagsøgt af stærke virksomheder og andre instanser i samfundet
- Frygt for at de store annoncører trækker sig

- Frygt for at blive angrebet af andre medier, hvis man afviger fra konsensusopfattelser
- Frygt for at blive forfulgt af arbejdsgiveren, hvis journalisten ikke følger mediets retningslinjer
- Frygt for konsekvenserne ved at ikke bringe en historie, som andre medier bringer, selvom det er en utroværdig historie
- Frygt for at krænke lokale offentlige personer eller indflydelsesrige grupper

Det er min opfattelse, at de fleste danske nyhedsjournalister ikke lyver med vilje. De videreformidler blot den propaganda, som de modtager fra PR-folk. De burde selvfølgelig forholde sig meget mere kritisk til den information, men tempoet, konkurrencen og ressourcemanglen i det moderne mediesystem gør det vanskeligt. Det er derfor fristende at bruge de lettilgængelige kilder, der samtidig umiddelbart virker troværdige. Men det betyder samtidig, at medierne er meget påvirkelige af veltilrettelagt propaganda.

Det internationale PR-bureau Hill & Knowlton stod for Kuwaits propagandakampagne målrettet USA. Målet var, at få den amerikanske befolkning med på amerikansk krig mod Irak for at befri Kuwait. Hill & Knowlton modtog 10,8 millioner $ i honorarer for kampagnen 'Citizens for a Free Kuwait', som var en frontgruppe, der skulle skjule den reelle involvering af Kuwaits regering og dennes samarbejde med Bush-administrationen. Et af Hill & Knowltons PR-stunts var den falske vidneberetning fra 15-årige Nayirah al-Sabah om, at irakiske soldater tog kuwaitiske babyer på hospitaler ud af kuvøser og lod dem ligge og dø. Det kom senere frem, at Nayirah var datter af Kuwaits ambassadør i USA. Historien var løgn, og pigen var blevet pressetrænet af Hill & Knowltons folk for at skabe en central historie i det amerikanske rationale for at støtte Kuwait i Golfkrigen. (58)

Golfkrigen varede fra 2. august 1990 til 28. februar 1991. Den koalition, der støttede Kuwait i kampen mod Irak, bestod af USA, Storbritannien, Frankrig og Saudi-Arabien. 4.200 fra Kuwait og 292 fra koalitionen blev dræbt. Et sted mellem 25.000 og 50.000 irakere mistede livet under Golfkrigen. (59)

10. KLAR BESKED FRA PROPAGANDAFORSKERNE

"Mennesket fødes frit, men befinder sig overalt i lænker."
Jean-Jacques Rousseau

At der findes propaganda nu om stunder også i vores del af verden er ikke bare en udokumenteret konspirationsteori, som man kan feje af bordet uden videre. Der er faktisk foretaget seriøs, akademisk forskning i området. Jeg vil gennemgå noget af den forskning i dette afsnit, som måske er lidt tungt. Men det sætter den akademiske ramme for at forstå verden.

En af verdens førende forskere i propaganda er professor Piers Robinson fra Sheffield Universitet i England. Han forsker i *Organised Persuasive Communication* (OPC eller på dansk: Organiseret Overtalende Kommunikation) og nutidig propaganda. (60)

OPC omfatter ifølge Robinson alle organiserede overtalelsesaktiviteter såsom reklame og marketing, propaganda, public relations, organisationskommunikation, informationskampagner, psykologiske operationer og strategisk kommunikation. OPC er central i udøvelsen af magt på tværs af alle sociale arenaer. I det nye, internetbaserede mediemiljø omfatter det ifølge professor Robinson også overvågning, mikro-målretning og digital propaganda.

Forskere i PR og relaterede områder samt indenfor promotionkultur har hidtil fokuseret på, hvad de opfatter som ikke-manipulerende former for OPC, der foregår i nutidige, liberale demokratier. Forskere i propaganda har derimod hidtil fokuseret på de manipulerende former for OPC i enten historiske sager eller i ikke-demokratiske samfund. Indenfor disse områder har der været minimalt med konceptuel udvikling i manipulerende OPC, der omfatter bedrag, incitamenter og tvang indenfor vestlige demokratier nu om stunder, ifølge professor Robinson.

Konsekvensen er, at manipulerende OPC i vores del af verden er overset, selvom der findes veldokumenterede tilfælde. Veldokumenterede forsøg på bedrag omfatter Watergate- og Iran-Contra-skandalerne samt den amerikanske regerings løgne om Iraks masseødelæggelsesvåben op til 2003-invasionen af Irak. I den amerikanske præsidentvalgkamp mellem Donald Trump og Hillary Clinton var der mange eksempler på fake news-historier baseret på direkte løgne eller på vildledende kommunikationsformer som udeladelse og forvrængning. De to andre metoder – *tilskyndelser* (at tilbyde eller skaffe fordele) og *tvang* (trusler eller direkte at udrette skade) – er også dokumenteret i både demokratiske og ikke-demokratiske stater.

Robinson og kolleger foreslår en ny begrebsramme for OPC opdelt i *frivillig* og *ikke-frivillig* OPC. Frivillig OPC omfatter dialogisk frivillig kommunikation, f.eks. sundhedscoaching eller kostvejledning, og strategisk (en-vejs) frivillig overtalelse som f.eks. kampagner for at få folk til at holde op med at ryge. Ikke-frivillig OPC er propaganda, der omfatter bedrag, tilskyndelser og tvang samt forskellige kombinationer heraf. Tilskyndelser kan f.eks. være i form af bestikkelse med penge. Tvang kan f.eks. være i form af trusler om fyring. (61)

I en detaljeret gennemgang af påstandene og processen om Iraks masseødelæggelsesvåben viser Eric Herring og Piers Robinson, at der var tale om bedragerisk, organiseret politisk overtalelse, der omfattede kommunikationsfolk i tæt samarbejde med politikere og efterretningsfolk. (62) Eric Herring er professor i verdenspolitik på Bristol Universitet i England. (63)

Den britiske Iraq Inquiry Report (Chilcot-rapporten) var yderst kritisk i forhold til den britiske involvering i 2003-invasionen af Irak og den følgende besættelse af landet. Ifølge Piers Robinson leverer Chilcot-rapporten evidens for forvrængninger og udeladelser i den britiske regerings kommunikation. Chilcot-rapporten leverer endvidere evidens for en bredere, skjult geostrategisk politik i kommunikationen fra USA og Storbritannien i det umiddelbare kølvand på 9/11. (64) Hele sagen om Iraks påståede masseødelæggelsesvåben viser, at bedragerisk overtalende kommunikation ved hjælp af udeladelser og forvrængninger var central i Blair-regeringens kommunikationsvej til krig med Irak i 2003. (65)

Irak- og Afghanistankommissionen var en dansk undersøgelseskommission, der havde til opgave at undersøge Danmarks deltagelse i Irakkrigen og krigen i Afghanistan. Kommissionen blev nedsat i 2012 under den socialdemokratisk ledede Thorning-Schmidt-regering. Efter Folketingsvalget 2015 kom den Venstre-ledede Løkke Rasmussen-regering til med et regeringsgrundlag om at nedlægge kommissionen. (66) Lad os håbe, at den næste regering genåbner kommissionen, så vi kan få klarlagt omfanget af den danske deltagelse i propagandaen og krigsforbrydelserne.

Noam Chomsky er en anden betydelig forsker i feltet. Han har afdækket, hvordan USA har anvendt og sponsoreret terrorisme i et massivt omfang i mange år. (67) Kritiske studier i terrorisme, der også omfatter fokus på USA og Israel, er ifølge Eric Hering centrale for at bringe fagfeltet og freden frem. (68)

Professor i journalistik Vian Bakir fra Bangor Universitet i Wales er en anden førende forsker i propaganda. (69) Hun er bl.a. kommet med anbefalinger om, hvordan civilsamfundet bedre kan overvåge efterretningsvæsnet. Hun har i særlig grad undersøgt, hvordan masseovervågning og torturbaseret afhøring er blevet præsenteret af magthaverne som afgørende i den globale krig mod terror, og hvordan det har udfordret de internationale menneskerettigheder til privatliv og til frihed fra tortur og bortførelse. (70)

Jeg mindes her min store fascination af den amerikanske TV-serie *24 Timer* med Kiefer Sutherland i hovedrollen som agent i CTU (Counter Terrorist Unit), der i dén grad promoter narrativet om, at tortur er nødvendig i kampen mod terrorisme bl.a. på grund af det store tidspres. Film og TV-serier er ofte oversete former for propaganda. Underholdning har en dobbelt funktion:

distraktion og propaganda. Siden jeg blev politisk propagandabevidst, så er jeg også holdt op med at se bl.a. *The Blacklist* med James Spader og *House* med Hugh Laurie, som jeg ellers fandt meget underholdende. Men jeg gider ikke blive holdt under af underholdning . Til gengæld kan jeg på det varmeste anbefale Gene Roddenberrys originale serie *Star Trek* fra slutningen af 1960'erne med tydelige hints til samtiden og en gennemført humanistisk fredspolitik.

'Brød og Cirkus' (*panem et circenses*) er en klassisk strategi, som magthaverne i hundredvis af år har brugt til at forebygge oprør fra folket. Ideen, der stammer fra den romerske poet Juvenal i 1.-2. århundrede, er, at man ved at dække vores behov og fylde os med underholdning, så gider vi ikke blive politisk bevidste og gøre oprør mod uretfærdigheder. Strategien virker stadigvæk effektivt, selvom ordet 'underholdning' jo direkte afslører effekten: underholdning er at holde under; nogen bliver holdt under af nogen andre. Den overdrevne interesse for mad i det moderne overflodssamfund kan også betragtes som en del af 'Brød og Cirkus'-politikken. Så længe de fattige er propmætte og de rige er opslugt af madkvalitet, så er ingen motiveret for at udvikle politisk bevidsthed. Det er nok heller ikke tilfældigt, at popmusikken i dag er fyldt med ligegyldige, fordummende budskaber, der nærmest er klinisk renset for samfundskritik. Nogen siger, at man er, hvad man spiser. Jeg tror snarere, at man er, hvad man hører.

Prøv selv at lægge mærke til, hvor meget du bliver bombarderet med mad og underholdning fra medierne. Måske er du nødt til at skære ned på det for at skabe plads til din udvikling af politisk bevidsthed. Det var jeg i hvert fald selv. Jeg er bl.a. holdt helt op med at lave mad, høre radio og se almindelig TV. Det var først, da jeg slukkede for distraktionerne, at min politiske bevidsthed begyndte at vokse for alvor.

Den danske fredsforsker, ph.d. i sociologi Jan Øberg har studeret danske mediers dækning af samme type emner, som ofte er udsat for propaganda og lignende metoder. Øberg viser bl.a., hvordan DR paradoksalt nok forsvarer

USAs ret til at have atomvåben, når andre ikke må. (71) Øberg kritiserer også DR for at servicere NATO-landes, USAs og Israels politiske propaganda i relation til Syrien. (72) Samme mønster gør sig gældende for DRs dækning af Rusland og de to Koreaer. (73) Og om konflikterne mellem Syrien, Israel og Iran. (74)

En stikprøveanalyse af DRs hjemmeside udført af Øberg viser angiveligt , at DR er blevet verdensblind. Der er stort set ingen nyhedshistorier om verdens store konflikter. I stedet bliver pladsen fyldt med nyheder fra underholdning, sport og realityprogrammer. (75) DR har i det hele taget problemer med sandfærdig perspektivering, når det kommer til militære nyheder. (76) DR er tilsyneladende helt blind for propaganda, der kommer fra Danmarks militært allierede, og DRs trusselsbillede halter ifølge Øberg. (77) (78) Der tegner sig gennem Øbergs analyser et mønster af, at DR sætter meget uerfarne og uvidende journalister til at formidle de vanskelige emner. Det kan være en måde at snige propagandaen igennem, uden at det giver presseetiske, juridiske problemer for DRs ledelse. Det kan også være ubevidst inkompetence.

Jan Øberg angriber også det absurde økonomiske argument, at krig er godt, fordi militær produktion sætter gang i økonomien og skaber arbejdspladser. Øberg kritiserer den internationale arbejderbevægelse for ikke længere at beskæftige sig med antimilitarisme, nedrustning, fred og solidaritet. Disse sager var topprioritet i 1970'erne og 1980'erne, men nu findes de tilsyneladende slet ikke i arbejderbevægelsen. Øberg fremhæver, at våbenindustrien er kapitalintensiv, så den giver faktisk færre arbejdspladser pr. investeret krone end menneske-intensive sektorer som undervisning, sundhed, kultur eller infrastruktur. Fred er derfor bedre for samfundsøkonomien end krig.

Øberg udvider kritikken til, at Socialdemokratiet og det, der engang var venstrefløjen, slet ikke eksisterer længere på områder som fred, nedrustning, antimilitarisme og solidaritet med krigens ofre. Det store vendepunkt skete i

1999, hvor statsminister Poul Nyrup Rasmussen (S) og udenrigsminister Niels Helveg Petersen fik Danmark med i NATOs krig mod Serbien uden FN-mandat. Siden da har Danmark deltaget i krig efter krig: Afghanistan, Irak, Libyen, Irak igen og Syrien. I forhold til Libyen stemte alle partier i Folketinget for bombningerne. Venstrefløjens sunde skepsis og kampånd er væk og erstattet af den nye, falske humanisme, *humanitær intervention*, der dog altid kun er på banen, der hvor vi (eller rettere: vores magthavere) har interesser. Det er aldrig humanismen alene, der motiverer intervention i form af retten til at beskytte. Humanismen er blevet endnu et propagandamiddel. (79)

Tim Hayward er en anden akademiker, der beskæftiger sig med afsløringer af propaganda. Tim Hayward er politisk filosof og professor i Environmental Political Theory og leder af Just World Institute ved Edinburg Universitet i Skotland. Han har bl.a. sammen med kolleger udført tilbundsgående analyser af Skripal-giftsagen mod Rusland (80), mediernes propagandiske dækning af Syrien (81), giftangrebet i Douma (82) og White Helmets i Syrien (83). Tim Hayward indgår i Working Group on Syria, Propaganda and Media. Det er en gruppe af uafhængige akademikere, der undersøger begivenhederne i Syrien. (84) Tim Hayward har dokumenteret, hvordan offentligheden i Vesten blev vildledt af Amnesty International i dannelsen af de offentlige moralske vurderinger af, hvad der er rigtigt og forkert ved krigen i Syrien. (85)

Den store trussel siden 9/11 ifølge det herskende narrativ har været terroristerne i form af al-Qaeda, Islamisk Stat og ISIS. Analyser af Tim Hayward m.fl. tegner et billede af, at de islamistiske terrorister er skabt og finansieret af USA, Saudi Arabien og Israel. Det går tilbage til krigen mellem Afghanistan og Sovjetunionen i 1979-1989, hvor amerikanske CIA skabte og trænede al-Qaeda (via Mujahideen-krigere) i Afghanistan som en hær mod Sovjet. Sovjet-Afghanistan-krigen var reelt en proxy-krig (stedfortræderkrig) i den kolde krig mellem USA og Sovjet. (86) Skabelsen af al-Qaeda er således en udløber af Den Kolde Krig.

Efter Berlinmurens og kommunismens fald i 1989, opstod i 1990'erne et fredeligt tomrum i Vesten uden fjender. Dem, der ønsker krig, havde derfor brug for en ny fjende, som så med 9/11 blev terrorister og terrorisme. 'Terrorisme' blev den nye 'kommunisme', og samtidig blev fokus på Mellemøsten og Israels dagsorden forstærket. Terrorister er den belejlige fjende, som kan være i ethvert land, som man af andre grunde ønsker at bekrige eller føre krig i. Med Syrien som det mest aktuelle eksempel så kan man nu også beskylde en fremmed nations regering for at begå terror mod dets egen befolkning, så man bliver nødt til at komme ind og redde dem fra den onde diktator. Selvom der mangler beviser og motiver.

MAINSTREAM-SUNDHED FREMMER PROPAGANDA-FORDØJELSEN

"Gå ikke, hvor stien kan føre hen, gå i stedet hvor der ikke er nogen sti og efterlad et spor."
Ralph Waldo Emerson

Jeg kom engang til at skrive i et blogindlæg, at det herskende, mainstream-syn på sundhed, kost og motion fungerer som et mikrokosmos af magthavernes våde drøm om det totalitære, militære, fascistiske samfund, hvor borgerne tror, at kontrollen er for deres eget bedste. Bekæmpelse af fascisme i sundhed er forebyggelse af fascisme i samfundet på en større skala. Det er selvfølgelig noget hårdt sat op, men der er alligevel noget om snakken.

Jeg kom også engang til at skrive et blogindlæg med 10 gode grunde til at *lade være* med at løbe. Jeg modtog en kaskade af hadefulde beskeder fra folk, jeg ikke kendte. Det mindede mig om i gamle dage, hvor man blev hængt op, hvis man havde skrevet noget negativt om Gud. Kritik af motionisme er den moderne form for blasfemi. Ernæring er det nye felt for, hvad der ligner fundamentalistiske religionskrige, selvom sandheden om sund kost er, at man kan spise sundt på mange forskellige måder, og at det i høj grad er et individuelt anliggende. Motion, kost, sundhed og kropsdyrkelse er den nye religion, den nye magt, nu hvor religionen og kirken har mistet sit tag i det danske folk.

Det herskende syn på sundhed flytter fokus fra intellekt til krop. Når du identificerer dig med og søger social anerkendelse gennem din unikke krop i stedet for dit unikke intellekt, så blokerer det for udviklingen af ægte, politisk bevidsthed.

Fascismen kommer snigende i sundhed camoufleret som venlige intentioner. Livet virker umiddelbart lettere med et program, der fjerner den frie vilje eller et system, der tilbyder løbende overvågning af alt, hvad man gør. Vi betaler med glæde penge for at slippe for at vælge. Underligt nok. Og vi betragter det også som værdifuldt, hvis vi bliver straffet, hvis vi ikke gør det, der er sundt. Der er penge i at skælde folk ud på sofistikerede måder. Ydre-styret sundhed er tidens metode til at indføre overvågning og kontrol drevet af kapitalistiske magtsystemer. Det baner vejen og ændrer mindset, så folk tror, at kontrol, overvågning og frihedsindskrænkelse er i deres egen interesse.

Sundhed gør samtidig den øvrige propaganda i medierne lettere at fordøje. Det helt vildt overdrevne individualistiske sundhedsfokus virker som en gigantisk distraktion fra de store, reelle problemer i vores samfund og den globale verden. Propagandaen foregår i de etablerede medier, som vi tilmed selv mere eller mindre frivilligt betaler for at lade os hjernevaske af. Det er næppe tilfældigt, at sundhedsstof samtidig fylder meget i de samme medier. Sundhed gør simpelthen de andre bedrag og løgne i medierne lettere at fordøje. Sundhed lover velvære, og når mennesker har det godt, så gider de ikke gøre oprør. Og helt perfekt bliver det, hvis der indimellem er nogle opskrifter på og billeder af lækker mad. Og det behøver ikke være sund mad for at fungere som effektiv distraktion. Situationen i Danmark er sådan, at Kagens Dag kan trække langt flere mennesker til Rådhuspladsen end demonstrationer mod de bedrageriske krige, som Danmark er og har været involveret i siden 11. september 2001.

Reel politisk bevidsthed og oprør mod systemet er drevet af lidelse og utilfredshed, som jo egentlig er det modsatte af sundhed. Måske er også ægte sundhed, velvære og livskvalitet en forhindring for politisk vækkelse og deraf følgende oprør mod korrupte magthavere. Når man har det nogenlunde, er man ikke motiveret for at blive politisk bevidst. Politisk bevidstløshed er på den måde en bivirkning ved individuel sundhed.

11. ILLUSIONEN OM PENGENES MAGT

"Mennesket skuffes, hvis det tror om sig selv, at det er frit"
Benedict Spinoza

Penge er det universelle magtmiddel i moderne samfund og i al politik indenfor alle områder. Dem, der kontrollerer pengene, har magten. Men hvordan er det egentlig kommet dertil?

Cand.jur. Mads Palsvig er en markant kritiker af det nuværende pengeskabelsessystem. Han har tidligere været succesfuld investmentbanker hos Morgan Stanley og Credit Suisse First Boston. Han forholder sig kritisk til bl.a. disse spørgsmål: Hvordan bliver "penge" skabt? Hvem styrer størrelsen på pengemængden? Hvem har pengeskabelsesprivilegiet? Hvem gavner pengeskabelsen? Mads Palsvig er stifter af partiet JFK21, der har pengeskabelsen som mærkesag nr. 1. (87)

I gamle dage var penge guldmønter. De første papirpengesedler var beviser på, at man havde guld i banken. 100 kr. kunne altid veksles til en vis og konstant mængde guld i banken. Mængden af pengesedler i omløb i samfundet modsvarede mængden af guld i bankerne. Men så fandt de private banker på, og de fik lov til at udlåne flere penge, end de havde guld til. Det var så her, hvor pengebedraget begyndte, da pengene så ikke længere kunne omregnes til en konstant, fysisk ressource i form af guld. Den kollektive illusion om, at papir med blæk på har en værdi, tog fart. Banksystemet gjorde, at hver gang en borger, en virksomhed eller en stat optog lån i banken, så blev der skabt flere penge i form af gæld og renter. Dette illusoriske og skrøbelige pengesystem er stadigvæk det, vi har i dag.

Systemet er afhængigt af en global enighed om at fastholde den kollektive illusion om penges værdi. Det betyder, at hvis en nation med reelle ressourcer (f.eks. olie) begynder at sælge ressourcerne i en anden type valuta (f.eks. guld), så bliver nationen en stor trussel for alle magthavere (dvs.

pengehavere) i pengebedraget. De bliver derfor nødt til at bruge reel magt (militær) for at forsvare deres illusoriske magt (penge) ved at sætte sig på alle Jordens reelle ressourcer.

Det er de private centralbanker, der dikterer og regulerer pengesystemet. Disse banker har navne som Federal Reserve Bank (USA) og Nationalbanken (DK), selvom de er 100 % private. De privatejede centralbanker er uafhængige af et samfunds demokratiske processer. Her er nogle historiske eksempler på nationer, der på forskellig vis har nationaliseret deres pengesystem og taget kontrollen over deres centralbank: Tyskland (1930'erne), Libyen (2011) og Syrien (nu).

Mads Palsvig foreslår en ny økonomisk politik i Danmark, hvor staten udsteder landets penge uden gæld og renter. Det omfatter etableringen af en Folkeejet Nationalbank. Det vil også efter min vurdering være sundt for alle andre end de nuværende, private banker, da de så vil miste statsstøtte og vil kunne gå konkurs som alle andre virksomheder, men nu uden at vælte hele samfundsøkonomien. (87)

Så længe penge forbliver det globale magtmiddel og –mål for alle uden en øvre, værdibaseret regulering, så vil krig og ufrihed fortsætte.

Når vi i Vesten anført af USA fører krig mod ressourcerige stater i Mellemøsten, så er det grådigheden og illusionen om penge, der kupper næstekærligheden og andre humanistiske værdier. Der er i øvrigt nogle helt åbenlyse, jordbundne økonomiske interesser i krig. Det militærindustrielle kompleks er afhængig af fortsat krig for at blive ved med at øge deres indtjening. Fred er den største trussel for denne krigsindustri. Ligesom fødevareindustrien er afhængig af, at mennesker bliver ved med at spise. Fred svarer for krigsindustrien til faste for fødevareindustrien. Biologien sørger for, at mennesker ikke kan faste i særligt lang tid ad gangen. Før eller siden bliver de kunder igen. Men kronisk krig er ikke en biologisk nødvendighed, så det er forståeligt, at militærindustrien via lobbyisme og lyssky metoder søger at påvirke politikere, medier og befolkning i retning af krig. Det kan man måske ikke bebrejde dem, men vi kan bebrejde os selv, at vi tillader dem at slippe afsted med det.

Jeg har selv gjort, hvad jeg kan for at frigøre mig fra pengepåvirkninger i både mit private liv og i mit arbejdsliv. Det allervigtigste princip er at reducere behovet for at bruge penge så meget som muligt. Jo lavere mine faste udgifter er, des mere fri er jeg. Et andet vigtigt princip er at udvikle pengebevidsthed. Det vil sige bevidsthed om, hvordan muligheder for at tjene eller spare penge påvirker min motivation for forskellige valg. Hvis der er en form for overvågning, som vi reelt har brug for, så er det den indre overvågning af omgivelsernes konstant forsøg på at presse eller lokke os via penge til at gøre eller ikke gøre bestemte ting. Den form for indre overvågning af os selv kan reelt øge vores frihed. Men som Danmark er indrettet nu, så er det umuligt at blive helt fri. Men det er muligt at blive bevidst om, hvor ufri vi er, så vi kan få det bedst mulige ud af den frihed, vi trods alt har. Og skabe mere og mere frihed hen ad vejen ved at reducere vores klamren os til ting og aktiviteter, der koster penge.

12. GLOBAL OPVARMNING ELLER GLOBAL PROPAGANDA?

"Videnskaben er ikke misundelig på sin viden. Den vil meddele sig til alle. Den vil, at alle mennesker skulle komme til sandheds erkendelse."
Søren Kierkegaard

Nu springer vi så til et andet storpolitisk emne, som også optager mig, og hvor der er behov for en meget mere nuanceret og evidensbaseret debat.

I den politiske debat i Danmark tager man det for givet, at der er enighed om, at menneskeskabt CO2-udledning er den primære årsag til global opvarmning, og at global opvarmning er en gigantisk trussel for vores overlevelse. Men der er faktisk fundamental uenighed blandt eksperter om emnet. (88)

Nogle af de primære fortalere for den officielle historie om global opvarmning er The National Aeronautics and Space Administration (NASA), Environmental Defense Fund (EDF), The Intergovernmental Panel on Climate Change (IPCC), US Global Change Research Program, The United Nations Framework Convention on Climate Change, The US Environmental Protection Agency, The American Geophysical Union, professor Michael E. Mann, professor Andrew Dessler og Al Gore.

Nogle af de primære kritikere af den officielle udlægning er The International Climate Science Coalition (ICSC), The Heartland Institute, The Center for the Study of Carbon Dioxide and Global Chance, The George C. Marshall Institute, professor John R. Christy, ph.d. Willie Soon, ph.d. Harrison H. Schmitt, ph.d. Tim Ball, ph.d. Roy W. Spencer, emeritus professor William Happer, emeritus professor Richard S. Lindzen, emeritus professor Don J. Easterbrook og emeritus professor William Gray.

Her er nogle af de centrale kritikpunkter af det officielle narrativ om menneskeskabt, problematisk global opvarmning som følge af CO2:

1. Jorden har altid gennemgået variationer i opvarmning og afkøling
2. Den globale opvarmning i det seneste århundrede på 0,8 grader er stort set ligegyldig sammenlignet med tidligere globale klimaforandringer i Jordens historie
3. Skræmmehistorierne om konsekvenserne af global opvarmning i fremtiden stammer fra computermodeller og ikke fra observationer (de anvendte computermodeller kan ikke reproducere observeret klima uden at skulle manipuleres)
4. Klimaforandringer påvirkes af mange atmosfæriske, kosmiske, geologiske og meterologiske faktorer, hvoraf solen er den vigtigste årsag, og menneskepåvirkninger er moderate og samlet set gavnlige (øget CO2 medfører øget plantevækst)
5. CO2 er plantemad (og mere mad til planter betyder mere mad til mennesker)
6. I fortiden, da vores grønne verden udviklede sig, var CO2-indholdet 5-10 gange højere end i dag
7. Der kan være fordele for menneskeheden ved en lidt varmere verden (f.eks. mindre behov for energi til boligopvarmning)
8. Man kan ikke bevise global opvarmning ved at sammenligne nutidens temperaturer med temperaturerne under eller kort efter Den Lille Istid, der sluttede i midten af 1800-tallet

Ofte fejer man skeptikerne af bordet ved at påstå, at de er i lommen på olieindustrien. Der er ingen tvivl om, at olieindustrien og relaterede industrier har interesser i at så tvivl om, at CO2-udledning fra fossible brændstoffer fører til farlig global opvarmning. Men forsvarerne af den officielle historie kan også have forskellige interesser ud over at søge og formidle sandheden. Ja, hele det officielle epos om, at verden snart går under som følge af CO2, tjener formål for magthavere, der er større end olieindustrien:

- Opløsning af nationalstater og etablering af global regering: globale problemer som global opvarmning kræver globale løsninger, der kræver global ledelse

- Udvidelse af økonomien: CO2-kvoter og lignende giver skatteindtægter til den globale regering og skaber et nyt handelsmarked
- Nyt forskningsmarked: der er mange penge for forskere og institutioner i at drive forskning, der bekræfter den officielle CO2-teori, hvorimod det er svært at få økonomisk støtte til projekter, der udfordrer teorien (systemet bliver selvbekræftende via økonomiske incitamenter)
- Øget overvågning og kontrol: frygt for verdens undergang får os til acceptere øget overvågning og kontrol (med CO2 som argument; al menneskelig aktivitet danner CO2, så al aktivitet skal overvåges/kontrolleres for at sikre Jordens overlevelse)
- Generelt lettere ved at få befolkningen til at acceptere politiske indgreb, der reducerer fred og frihed: en befolkning i frygt for dommedag er generelt lettere at regere over
- Distraktion fra de bedrageriske krige i Mellemøsten, der reelt bl.a. handler om at røve andre nationers olie, og som olieindustrien har interesser i, dvs. fokus flyttes fra et mindre problem (krig og bedrag) til et større problem (klima og dommedag) – og derved har olieindustrien en interesse i både at bevare og bekæmpe den dominerende fortælling på området
- Distraktion fra det globale ressourcemisbrug: ved at reducere geologiske problemer til CO2 og global opvarmning kan voldtægten af Jordens ressourcer for at tjene penge og mætte vores absurde behov for ting fortsætte uhindret
- Distraktion fra den reelle forurening og belastning af miljøet (så miljøsvinene kan fortsætte uhindret)

Fokus på menneskeskabt global opvarmning som følge af CO2 som verdens største problem virker således i min optik først og fremmest som den helt store distraktion fra de reelle helt store problemer. Systemet har en indbygget inerti af gensidige interesser, der fortsætter udpumpningen af det officielle narrativ til befolkningen. Medierne ser det som en journalistisk set god historie. Forskerne kommer i medierne, så længe de bekræfter den "gode" historie. Forskernes sponsorer bliver glade for medieomtalen. Begæret efter penge, magt og berømmelse skaber psykologisk blindhed hos både journalisterne og forskerne. Folket får noget at snakke om og føle fællesskab omkring. Der er ikke noget som en fælles trussel, der kan fremme sammenholdet i en gruppe. Annoncørerne sælger mere som følge af "trøstekøb" for at håndtere frygten for den dystre fremtid.

Hedebølgen i sommeren 2018 er et eksempel på, hvordan ekstremt vejr bliver brugt som bevis på den officielle fortælling om global opvarmning. Faktuelle målinger viser imidlertid, at selvom juli 2018 var meget varm, så var bl.a. juli 2010 endnu varmere, og den absolut højeste juli-temperatur siden 1874 blev målt i 1941. (89) En opgørelse udført af ph.d. i meterologi Roy Spencer af de gennemsnitlige maksimumtemperaturer i New York viser, at der ikke har været nogen signifikant temperaturstigning fra 1895 til 2017. (90) Satellitmålinger har vist, at den globale temperatur i juli 2018 var 0,32 grader C varmere end gennemsnittet for juli-måneder i perioden 1981-2010. Det betragter Roy Spencer som en anomali, dvs. i modstrid med den generelle trend i den globale temperaturforandring over tid, og ikke som et bevis på en signifikant tendens. (91)

Mange kritikere af den officielle historie om global opvarmning bliver hurtigt stemplet som *klima-benægtere* eller tilsvarende kategorisk betegnelse. Denne enten/eller-tænkning – enten tror du på ALT, eller også tror du på INTET – skaber en psykologisk blindhed for alle opfattelser, der befinder sig imellem de to ekstreme synspunkter. Der er f.eks. også dette standpunkt, som jeg selv opfatter som ganske fornuftigt: Der *er* global opvarmning, men den er uden katastrofal betydning. En del af den globale opvarmning er menneskeskabt via C02, men hovedårsagen er naturlige svingninger, som er udenfor vores kontrol. Øget CO2 i atmosfæren og lidt varmere temperatur har også gavnlige virkninger. Uanset hvad man tror om global opvarmning, så lad os alle være enige om, at USA m.fl. skal holde op med at føre bedrageriske krige i Mellemøsten for at røve oliekilder. Uanset hvad man tror om global opvarmning, så skal vi begrænse alle former for forurening, skifte til andre energikilder end olie og kul samt i det hele taget behandle Jorden og dens ressourcer ordentligt. Uanset hvad man tror om global opvarmning, så findes der også andre problemer i verden.

Stemplingen som klima-benægter er en retorisk måde at lukke munden på kritikere. At være klima-benægter lyder næsten som at være *Holocaust-benægter*, og det er jo noget af det værste, man kan blive opfattet som. Enhver, der stiller spørgsmål ved den officielle historie om Nazi-Tysklands drab på jøder under 2. Verdenskrig, bliver straks stemplet som Holocaust-benægter eller antisemit. I visse lande (bl.a. Tyskland, Østrig, Frankrig, Schweitz og Australien), kan man ligefrem komme i fængsel i flere år for det. Dette system fastholder ligeledes den mentale blindhed for ethvert fakta-baseret forsøg på relevant diskussion og evt. revision af historieskrivningen.

Uanset hvad man tror på, og uanset hvad fakta siger, så bør hensynet til ytringsfrihed altid vægte højest. Lovgivning, der hæmmer ytringsfriheden, bør være ulovlig. Selv de mest vanvittige og rabiate skal have lov til at ytre sig frit. Folk kan jo bare lade være med at høre efter, og hvis det er det rene nonsens, så vil fakta jo tale sit eget tydelige sprog. Jeg tvivler i øvrigt ikke selv på, at Nazi-Tyskland slog utroligt mange uskyldige jøder ihjel, men hvis nogen har beviser for noget andet, så skal de da have lov til at fremføre dem uden at få bøder (penge som magt igen) eller komme i fængsel.

13. RÅD OG ANBEFALINGER TIL DEN TREDJE VEJ

"En løgn kan rejse halvvejs rundt om jorden, mens sandheden tager sko på."
Mark Twain

I min søgen efter sandheden om alt har jeg studeret både mainstream og såkaldt alternative kilder. Mainstream-medierne formidler en nogenlunde ensartet fortælling om verden. De alternative medier er derimod en vild jungle med mange forskellige fortællinger.

Sandheden og sundheden findes i det, jeg kalder Den Tredje Vej. Det er den vej, der ligger mellem mainstream og alternativt. En del af Den Tredje Vej lapper ind over mainstream, og en anden del lapper ind over det alternative. Der er sandhed at finde begge steder, men der er også en del af sandheden, som du hverken finder indenfor mainstream eller det alternative. Den må du finde helt udenfor de to kasser. Eller sagt på en anden måde: Mainstream-medierne og de alternative medier fungerer som to forskellige former for ekstrem disinformation, der forhindrer sandheden i at komme frem. Det bedste er selvfølgelig at holde helt op med at kategorisere i 'mainstream' og 'alternativt', men simpelthen søge sandheden via beviser for og imod forskellige opfattelser.

Indenfor ernæring og sundhed har jeg en særligt faglig baggrund for at kunne vurdere sandhedsværdien af forskellige budskaber. Det er her meget tydeligt, at der indenfor det alternative er mange budskaber med meget lav sandsynlighed for at være sande. Jeg var derfor også meget skeptisk, da jeg selv begyndte at studere alternative opfattelser af politik. På den anden side havde jeg også lært at være skeptisk overfor mainstream-budskaberne om sundhed, da de som tidligere nævnt også i høj grad er farvet af andre interesser end sandhed og folkesundhed.

Det særlige problem ved de alternative medier er, at de er tilbøjelige til overdrevet mistro til videnskab og autoriteter samt overdrevet tiltro til konspirationsteorier. Indenfor alternativ sundhed virker det nærmest som om, at hvis noget *ikke* er videnskabeligt bevist, så er det i sig selv et bevis på, at det er sandt. Det er ren Omvendtslev. Det betyder, at de alternative medier og deres brugere før eller siden ryger ud af en tangent – forført af en eller mange særdeles fascinerende og dybt utroværdige konspirationsteorier. Man starter måske med at søge sandheden, men ender så med at spilde sin tid i en rendyrket fantasiverden.

Nogle gange er sandheden, at der *er* tale om en sammensværgelse. Andre gange er konspirationen udtryk for livlig fantasi, psykologisk projektion eller bevidst disinformation, så folk ikke opdager de sande konspirationer og problematiske magtsystemer. Det er vigtigt at have et åbent sind, men det skal ikke være så åbent, at hjernen falder ud. Selvstændig kritisk tænkning har afgørende betydning i alle sammenhænge.

Der er en udbredt tendens til gruppetænkning indenfor både mainstream og det alternative. Denne gruppetænkning forhindrer reel søgen efter sandheden og fri tænkning. At være alternativ er ikke nødvendigvis det samme som at fritænker. Det betyder blot at man har flyttet sig fra en boks til en anden – fra et sæt af begrænsninger til et andet sæt af begrænsninger. Mennesker der definerer sig selv som alternativt tænkende har en tendens til at to på *alt*, der ikke er mainstream. Mennesker der har valgt at identificere sig med den version, der kan kaldes mainstream, har til gengæld en udbredt tendens til mistro overfor alt alternativt kombineret med en naiv tiltro til forskning. Meget få omfavner og bortviser aspekter fra begge grupperinger.

Det er min erfaring, at man hurtigt bliver en outsider, når man stiller spørgsmål ved et eller flere af de herskende narrativer i den gruppe, man befinder sig i. Med mine holdninger er der mange indenfor både det etablerede og det alternative, der med forskellige begrundelser opfatter mig som mærkelig, provokerende og irriterende. Det kommer til udtryk på mange forskellige måder, som jeg nu har vænnet mig til. Det har jeg med årene lært at være ligeglad med. Men da det ligger dybt i os som mennesker at føle os som en del af flokken, så vil de fleste have en tendens til at rette ind, så holdningerne i de to grupper bliver ensrettet. Det foregår helt automatisk og ubevidst. Og det er netop denne bevidstløshed, der er det fundamentale problem. Det kræver en vedholdende, bevidst indsats at gå sandhedens vej, og man skal turde være upopulær og ukendt og se i øjnene, at man aldrig vil blive rig på penge.

Det sociale pres for at rette ind efter de herskende normer og opfattelser er enormt. Jeg har selv oplevet det følelsesmæssige pres fra mine nærmeste om at blive "normal" og det løgnagtige bagtaleri fra kolleger i sundhedsbranchen, der ikke deler mit syn på sundhed. Næsten dagligt bliver jeg bombarderet med verbale angreb og vrede beskyldninger både fra folk, jeg kender og fra folk, jeg ikke kender. Efter nogle år holdt jeg dog op med at tage det personligt. For mig er debatten rent politisk, selvom andre tager det personligt eller ønsker at skifte fokus fra det politiske til det personlige.

Hvis nogen opfatter denne bog som et forsinket teenageoprør, så tager de nok ikke helt fejl. Jeg har dog forsøgt at kanalisere min rebelske trang til oprør ud i mere samfundsrelevante emner med mine 47 års livserfaring, end jeg ville have kunnet, da jeg var en hæmmet, angstfuld 17-årig gymnasieelev i Silkeborg. Hele livet er du fri til at stille spørgmål, eksperimentere for alvor, og kaste den gamle ham af dig – de unge behøver ikke være ensomme i det. Det er en avanceret form af kollektiv selvundertrykkelse at henlægge oprørstrang som et ungdomsfænomen.

MINE ANBEFALINGER TIL DIG

"Individet har altid været nødt til at kæmpe for at undgå at blive overvældet af stammen."
Friedrich Nietzsche

Jeg nærer et stort håb til den enkelte borger, sundhedsvejleder, journalist, virksomhedsleder og skoleleder for at bidrage til en fælles fremtid med fred, frihed og velstand for alle. Den sunde, politiske bevidsthed skal bare lige vækkes eller have lov til at udfolde sig frit.

ANBEFALINGER TIL DIG SOM *BORGER*

1. Lad vækkelsen af din sunde politiske bevidsthed ske på din egen måde i dit eget tempo.
2. Vær på samme måde tålmodig med andres proces.
3. Øv dig i selvstændig kritisk tænkning om alt.
4. Kræv og søg beviser. Husk at en autoritet ikke nødvendigvis har ret, bare fordi han, hun eller det bliver opfattet som en autoritet i systemet. Husk også at et *talking head* på YouTube sjældent er et bevis på noget i sig selv.
5. Begynd at interessere dig for psykologi, især socialpsykologi. Det er viden fra denne videnskab, der bruges til at manipulere med dig. Lær at gennemskue magthavernes tricks.
6. Lær mindfulness og mediter i mindst 20 minutter hver dag. Brug mindfulness i hverdagen som redskab til at iagttage dit sind og de mentale konstruktioner og eventuelle illusioner, som dukker op.
7. Praktiser næstekærlighed (kristendom), kærlig-venlighed (buddhisme) og/eller menneskekærlighed (humanisme) rettet mod alle mennesker i hele verden.
8. Hvis du mærker vrede mod systemet, så lad være med at handle med vold. Brug dine demokratiske rettigheder og din ytringsfrihed i stedet for. Hvis du hjælper andre til at vågne, og de videre hjælper endnu flere til også at vågne, så kan du starte en kædereaktion med stor virkning. Dine ord har meget mere magt, end du tror!
9. Vær bevidst om, hvad du bruger dine penge på, og hvad du giver opmærksomhed. Sluk for de medier, der fylder dig med junk-information. Lad være med at købe ting, du ikke har brug for. Lad være med at bruge dine penge på sager, du ikke ønsker at fremme. Vær politisk bevidst i dit pengeforbrug. Magthaverne kæmper om dine penge og din opmærksomhed, men du behøver ikke give efter for deres lokkeri.

10. Vær bevidst om, hvad du tjener penge på, og hvad du støtter gennem dit arbejde. Lad især være med at sælge din arbejdskraft til bedøvelses- og distraktionsbrancherne.
11. Fremelsk værdier der ikke kræver ting og ikke koster penge. Prøv at reducere dine faste udgifter så meget som muligt, så du kan tillade dig at lade dit arbejde være drevet af andet end maksimering af indtægt.
12. Vær påpasselig med, at din desillusionering ikke udvikler sig til en alvorlig depression. Bevar altid din evne til at kunne grine af det hele og nyde livet på trods af alt det, der er fucked up.

ANBEFALINGER TIL DIG SOM *SUNDHEDSVEJLEDER*

1. Vær bevidst om den magt, du udøver overfor dine klienter og den magt, som du selv bliver påvirket af i dit virke. Vær også bevidst om magt, der er skjult, indirekte eller integreret i kulturen.
2. Mød folk i deres forforståelse af sundhed og rollefordeling, og led dem gradvis til mere frihed og fred i sundhed.
3. Led også dig selv til en gradvis ændring i din opfattelse af din egen rolle som sundhedsvejleder: giv slip på illusionen om, at du kan kontrollere et andet menneske og tag din rolle som oplyser af den enkeltes sundhedsbevidsthed alvorligt.
4. Lad være med at spilde tiden og energien på sundhedsdetaljer, der ikke har nogen særlig betydning holistisk set.
5. Husk din humoriste sans og selvironi. Hvis du tager sundhed og dig selv for alvorligt, så er den gal.

ANBEFALINGER TIL DIG SOM *JOURNALIST*

1. Vær meget mere kildekritisk. Vær bevidst om den høje risiko for, at du bliver udsat for propaganda. Se dig selv som et propagandafilter. En filter der frafiltrerer propagandaen.
2. Spørg altid dig selv: Hvem eller hvad har interesse i denne historie? Inden du fyrer den af.

3. Lad være med at bringe en historie, bare fordi de andre medier gør det. Flere journalister kan godt tage fejl (eller blive manipuleret med) samtidig.
4. Det er aldrig for sent at stoppe op og stille de spørgsmål, som du burde have stillet for lang tid siden.
5. Vær bevidst om din og dit medies magt over narrativerne.
6. Lad være med at gå for meget op i "den gode historie". Søg først og fremmest at formidle sandheden om verden, også selvom den er ilde hørt. Sig op, hvis du ikke kan få lov til at stille de rigtige spørgsmål og fortælle hele sandheden.
7. Selvom krig er en dramatisk, god historie, så prøv også at interessere dig for fred. At opnå fred er noget andet end at vinde en krig. Og folket – dine læsere – vil dybest set helst have fred. Lad os få Danmarks første fredsavis.

ANBEFALINGER TIL DIG SOM *VIRKSOMHEDSLEDER*

1. Lad virksomhedens sundhedspolitik være baseret på frihed og fred i stedet for krig og kontrol.
2. Skab og sælg flere produkter og ydelser, der fremmer fred og frihed.
3. Lad være med at bilde folk ind, at de kan få dækket deres psykologiske behov ved at købe flere fysiske ting.
4. Lad være med selv at blive fanatisk besat af ydre-styret sundhed, kost og motion. Vær en sund rollemodel i stedet for.
5. Giv støtte til fredsaktivister, der forebygger atomkrig mellem USA/NATO og Rusland/Iran/Kina. En sådan krig vil være en katastrofe for din virksomhed. Invester i fred!
6. Sørg for at din virksomheds finansielle investeringer ikke går til våbenindustrien.
7. Nedbring omfanget af psykopatisk ledelse. Lad dine ledere teste af en psykolog, hvis du er i tvivl.

ANBEFALINGER TIL DIG SOM *SKOLELEDER*

1. Se 'politisk bevidsthed' som et selvstændigt emne.
2. Sæt mere fokus på begreber, konstruktioner og mulige illusioner.
3. Se i endnu højere grad din skole som et sted for fri debat. Vær åben for andre politiske emner end dem, der bliver taget op af de etablerede medier. Lad især undervisere, der kender skolens målgruppe indgående, debattere vigtige emner for krig og fred. Tillad fuld ytringsfrihed.
4. Inspirer dine elever og studerende til selvstændig, kritisk tænkning overfor alle informationskilder.

ANBEFALINGER TIL *DE SUPERRIGE*

1. Giv slip på grådighed og egoisme.
2. Gør godt med dine penge. Vær med til at styre verden til sandhed, retfærdighed, fred og frihed med global næstekærlighed og kærligvenlighed som den fundamentale, fælles etik. Støt oplysningsarbejde.
3. Hvis du, din familie, din virksomhed eller din stat har langt flere penge end nødvendigt, så brug de overskydende penge til gavn for andre *uden* at se det som en investering i din egen ophobning af endnu mere kapital og magt. Se den frivillige afgivelse af penge og magt som en spirituel praksis af gavmildhed. Tænk mere i karma-økonomi end krone-økonomi.

"Slutningen er begyndelsen på alt."
Jiddu Krishnamurti

BIBLIOGRAFI

1. Pedersen, Mogens N. Politik. *Den Store Danske.* [Online] [Citeret: 22. 6 2018.] http://denstoredanske.dk/index.php?sideId=143499.

2. Rasmussen K, Schroll J, Gøtzsche PC, Lundh A. Under-reporting of conflicts of interest among trialists: a cross-sectional study. *J R Soc Med.* 2015, Årg. 108, 3, s. 101-107.

3. Jørgensen AW, Hilden J, Gøtzsche PC. Cochrane reviews compared with industry supported meta-analyses and other meta-analyses of the same drugs: systematic review. *BMJ.* 2006, Årg. 333, 7572, s. 782.

4. Jørgensen AW, Maric KL, Tendal B, Faurschou A, Gøtzsche PC. Industry-supported meta-analyses compared with meta-analyses with non-profit or no support: differences in methodological quality and conclusions. *BMC Med Res Methodol.* 2008, 8, s. 60.

5. Dansinger ML, Gleason JA, Griffith JL, et al. Comparison of the Atkins, Ornish, Weight Watchers, and Zone diets for weight loss and heart disease risk reduction: a randomized trial. *JAMA.* 2005, Årg. 293, 1, s. 43-53.

6. Brown, T. Systematic review of long-term lifestyle interventions to prevent weight gain and morbidity in adults. *Obesity Reviews.* 2009, 10, s. 627-638.

7. Harrington M, Gibson S, Cottrell RC. A review and meta-analysis of the effect of weight loss on all-cause mortality risk. *Nutr Res Rev.* 2009, Årg. 22, 1, s. 93-108.

8. Mann, T. Medicare's search for effective obesity treatments: Diets are not the answer. *American Psychologist.* 2007, Årg. 63, 3.

9. Thomas, SL. "They all work...when you stick to them": A qualitative investigation of dieting, weight loss, and physical exercise, in obese individuals. *Nutrition Journal.* 2008, 7, s. 34.

10. Teixeira PJ, Silva MN, Mata J, Palmeira AL, Markland D. Motivation, self-determination, and long-term weight control. *Int J Behav Nutr Phys Act.* 2012, Årg. 9, s. 22.

11. Teixeira PJ, Carraça EV, Markland D, Silva MN, Ryan RM. Exercise, physical activity, and self-determination theory: a systematic review. *Int J Behav Nutr Phys Act.* 2012, Årg. 9, s. 78.

12. Brændgaard, Per. *Spis som du vil.* s.l. : Nyt Nordisk Forlag, 2000.
13. Sundhedsstyrelsen. *Små skridt til vægttab - der holder.* 2009.
14. Damborg, Uffe & Brændgaard, Per. *Mindful Spisning: Vægttab med nærvær og nydelse.* s.l. : Pretty Ink, 2012.
15. Terrorangrebet den 11. september 2001. *Wikipedia.* [Online] [Citeret: 22. 6 2018.]
16. Chandler, David. David Chandler 2010 "911 Analysis". *YouTube.* [Online] [Citeret: 22. 6 2018.] https://youtu.be/DDWknogw5Gw.
17. Edward Bernays. *Wikipedia.* [Online] [Citeret: 9. 7 2018.] https://da.wikipedia.org/wiki/Edward_Bernays.
18. Bernays, Edward. *Crystallizing Public Opinion.* 1923.
19. Karen M Douglas, Robbie M Sutton, Aleksandra Cichocka. The Psychology of Conspiracy Theories. *Curr Dir Psychol Sci.* 2017, Årg. 26, 6, s. 538-542.
20. Conspiracy theory. *Wikipedia.* [Online] [Citeret: 23. 6 2018.] https://en.wikipedia.org/wiki/Conspiracy_theory.
21. Dispatch, CIA. Countering Criticism of the Warren Report. *Document Number 1035-960.* 1967.
22. Lemnitzer, L. L. Memorandum for the Secretary of Defense: Justification for US Military Intervention in Cuba. 1963.
23. Gulf of Tonkin incident. *Wikipedia.* [Online] [Citeret: 23. 6 2018.] https://en.wikipedia.org/wiki/Gulf_of_Tonkin_incident.
24. Butcher, Tim. The lie that started the First World War. [Online] 28. 6 2014. [Citeret: 23. 6 2018.]
25. Gleiwitz incident. *Wikipedia.* [Online] [Citeret: 23. 6 2018.] https://en.wikipedia.org/wiki/Gleiwitz_incident.
26. King David Hotel bombing. *Wikipedia.* [Online] [Citeret: 24. 6 2018.] https://en.wikipedia.org/wiki/King_David_Hotel_bombing.
27. Menachem Begin. *Wikipedia.* [Online] [Citeret: 24. 6 2018.] https://en.wikipedia.org/wiki/Menachem_Begin.
28. Lavon Affair. *Wikipedia.* [Online] [Citeret: 24. 6 2018.] https://en.wikipedia.org/wiki/Lavon_Affair#Operation_commenced.
29. USS Liberty incident. [Online] [Citeret: 24. 6 2018.] https://en.wikipedia.org/wiki/USS_Liberty_incident.

30. NIST. *Final Report on the Collapse of World Trade Center Building 7.* s.l. : National Institute of Standards and Technology, 2008. NIST NCSTAR 1A.
31. *Architects & Engineers for 9/11 Truth.* [Online] [Citeret: 24. 6 2018.] https://www.ae911truth.org/.
32. Chandler, David. Free Fall and Building 7 on 9/11. *ae911truth.org.* [Online] 16. 4 2014. [Citeret: 25. 6 2018.]
33. Free-Fall Acceleration. *ae911truth.dk.* [Online] [Citeret: 25. 6 2018.] https://www.ae911truth.org/evidence/free-fall-acceleration.
34. FAQs - NIST WTC Towers Investigation. *NIST.gov.* [Online] [Citeret: 25. 6 2018.] https://www.nist.gov/el/faqs-nist-wtc-towers-investigation.
35. FBI Press Response. [Online] 14. 9 2001. [Citeret: 10. 7 2018.] http://web.archive.org/web/20010917172157/www2.fbi.gov/pressrel/pressrel01/091401hj.htm.
36. Hijack 'suspects' alive and well. *BBC.* [Online] 23. 9 2001. [Citeret: 10. 7 2018.] http://news.bbc.co.uk/2/hi/middle_east/1559151.stm.
37. Davidsson, Elias. *Hijacking America's Mind on 9/11: Counterfeiting Evidence.* s.l. : Algora Publishing, 2013.
38. *Bollyn.com.* [Online] http://www.bollyn.com/.
39. Jesus. Det Nye Testamente. Matthæusevangeliet 23:1-36, Johannes' Åbenbaring 2:9-10, Romerbrevet 2:17-29..
40. Torah Jews Against Zionism. [Online] http://www.truetorahjews.org/.
41. Yinon, Oded. [A Strategy for Israel in the 1980s]. (in Hebrew). *Kivunim.* Februar 1982, Årg. 14, Februar, s. 49-59.
42. ISIS. *Den Store Danske.* [Online] [Citeret: 25. 6 2018.] http://denstoredanske.dk/Geografi_og_historie/Mellem%C3%B8sten/Iraks_historie/ISIS.
43. The Project for the New American Century. *Rebuilding America's Defenses - Strategy, Focus and Ressources For a New Century.* September 2000.
44. Ole Ventegodt. Pearl Harbor. *Den Store Danske.* [Online] [Citeret: 6. 25 2018.] http://denstoredanske.dk/Geografi_og_historie/Milit%C3%A6re_forhold_og_krigshistorie/Anden_Verdenskrig/Pearl_Harbor.
45. Bollyn, Christopher. *Solving 9-11 - The Original Articles.* 2012.

46. —. *Solving 9-11 - The Deception That Changed the World.* 2012.
47. —. *The War on Terror - The Plot to Rule The Middle East.* 2017.
48. Den Fjerne Krig - Krigen i Afghanistan. *natmus.dk.* [Online] [Citeret: 26. 6 2018.] https://natmus.dk/historisk-viden/temaer/militaerhistorie/krigen-i-afghanistan/.
49. Forslag til folketingsbeslutning om dansk militær deltagelse i den internationale indsats mod terrornetværk i Afghanistan. *ft.dk.* [Online] [Citeret: 26. 6 2018.] http://www.ft.dk/samling/20061/almdel/FOU/bilag/54/334861.pdf.
50. Faldne og sårede. *forpers.dk.* [Online] [Citeret: 6. 26 2018.] http://forpers.dk/hr/Pages/Faldneogsaarede.aspx.
51. Mindetavlen : Afghanistan. *Krigeren.dk.* [Online] [Citeret: 26. 6 2018.] http://krigeren.dk/mindetavlen/mindetavlen-afghanistan/.
52. Danmarks militærudgifter per indbygger ligger i top. *Arbejderen.dk.* [Online] 16. 3 2016. http://www.arbejderen.dk/indland/danmarks-milit%C3%A6rudgifter-indbygger-ligger-i-top.
53. Where Are U.S. And Russian Military Bases In The World? *Radio Free Europe Radio Liberty.* [Online] [Citeret: 3. 7 2018.] https://www.rferl.org/a/where-are-us-and-russian-military-bases-in-the-world/28890842.html.
54. Nielsen, Jens Jørgen. *Ukraine i spændingsfeltet.* s.l. : Frydenlund, 2016.
55. John Lennon. *Wikipedia.* [Online] [Citeret: 3. 7 2018.] https://en.wikipedia.org/wiki/John_Lennon.
56. *Media On Trial.* [Online] Mediaontrial.uk.
57. Shure, Frances T. Part 21: The Role of the Media — Act I. *ae911truth.org.* [Online] 30. 12 2017. [Citeret: 18. 7 2018.] https://www.ae911truth.org/evidence/technical-articles/articles-on-psychology/393-part-21-the-role-of-the-media-act-i.
58. How PR Sold the War in the Persian Gulf. *PR Watch.* [Online] [Citeret: 4. 7 2018.] https://www.prwatch.org/books/tsigfy10.html.
59. Gulf War. *Wikipedia.* [Online] [Citeret: 4. 7 2018.] https://en.wikipedia.org/wiki/Gulf_War.

60. Professor Piers Robinson. *University of Sheffield.* [Online] [Citeret: 4. 7 2018.] https://www.sheffield.ac.uk/journalism/staff/piers-robinson.
61. Vian Bakir, Eric Herring, David Miller, Piers Robinson. Organized Persuasive Communication: A new conceptual framework for research on public relations, propaganda and promotional culture. *Critical Sociology.* 15. maj, 2018. http://journals.sagepub.com/doi/10.1177/0896920518764586.
62. Eric Herring, Piers Robinson. Report X Marks the Spot: The British Government's Deceptive Dossier on Iraq and WMD. *Political Science Quaterly.* 22. december, 2014. https://onlinelibrary.wiley.com/doi/full/10.1002/polq.12252.
63. Professor Eric Herring. *University of Bristol.* [Online] [Citeret: 4. 7 2018.] http://www.bristol.ac.uk/spais/people/person/eric-herring/.
64. Robinson, Piers. Learning from the Chilcot report: Propaganda, deception and the 'War on Terror'. *International Journal of Contemporary Iraqi Studies.* Marts 2017, Årg. 11, 1-2, s. 47-73. http://www.ingentaconnect.com/content/intellect/ijcis/2017/00000011/f0020001/art00004.
65. Herring, Eric & Robinson, Piers. Deception and Britain's road to war in Iraq. *International Journal of Contemporary Iraqi Studies,.* September 2014, Årg. 8, 2-3, s. 213-232. http://www.ingentaconnect.com/content/intellect/ijcis/2014/00000008/f0020002/art00009.
66. Irak-kommissionen. *information.dk.* [Online] [Citeret: 18. 7 2018.] https://www.information.dk/emne/irak-kommissionen.
67. Eric Herring, Piers Robinson. Forum on Chomsky. *Review of International Studies.* Oktober 2003, Årg. 29, s. 551-552. https://www.cambridge.org/core/journals/review-of-international-studies/article/forum-on-chomsky/66ED7468D17DD3F157A901107B262FD1.
68. Herring, Eric. Critical terrorism studies: an activist scholar perspective. *Critical Studies on Terrorism.* 1. August 2008, Årg. 1, 2, s. 197-211. https://ericherring.files.wordpress.com/2011/05/herring-cts-activist-perspective-cts-08.pdf.

69. Prof Vian Bakir. *Bangor University.* [Online] [Citeret: 5. 7 2018.] https://www.bangor.ac.uk/creative_industries/staff/vian-bakir/en.
70. Bakir, Vian. *Intelligence Elites and Public Accountability.* s.l. : Routledge, 16. april 2018. https://research.bangor.ac.uk/portal/en/researchoutputs/intelligence-elites-and-public-accountability(4b380c6b-a68b-49b9-9296-833f6feaf41c).html.
71. Øberg, Jan. DR forklarer hvorfor USA må have atomvåben, når andre ikke må. *janoberg.me.* [Online] [Citeret: 5. 7 2018.] https://janoberg.me/2018/06/11/dr-forklarer-hvorfor-usa-ma-have-atomvaben-nar-andre-ikke-ma/.
72. —. D R næsten ikke til at bære: USA, England og Israel om Syrien og nedrustningen, de bekymrer sig så meget om. *Janoberg.me.* [Online] [Citeret: 5. 7 2018.] https://janoberg.me/2018/05/31/d-r-naesten-ikke-til-at-baere-usa-england-og-israel-om-syrien-og-nedrustningen-de-bekymrer-sig-sa-meget-om/.
73. —. DR om Rusland og Korea. *Janoberg.me.* [Online] [Citeret: 5. 7 2018.] https://janoberg.me/2018/05/15/dr-om-rusland-og-korea/.
74. —. DR om konflikterne mellem Syrien, Israel og Iran. *Janoberg.me.* [Online] [Citeret: 5. 7 2018.] https://janoberg.me/2018/05/15/d-r-om-konflikterne-mellem-syrien-israel-og-iran/.
75. —. Er DR-nyheder verdensblind og holdt op med at tale om vigtige ting? *Janoberg.me.* [Online] 24. 1 2018. [Citeret: 5. 7 2018.] https://janoberg.me/2018/03/05/er-dr-nyheder-verdensblind-og-holdt-op-med-at-tale-om-vigtige-ting/.
76. —. DR's uvildighed i forhold til det militære. *Janoberg.me.* [Online] 11. 1 2018. [Citeret: 5. 7 2018.] https://janoberg.me/2018/01/11/drs-uvildighed-i-forhold-til-det-militaere/.
77. —. Godt at danske soldater beskyttes mod verdens ondskab. *Janoberg.me.* [Online] 17. 7 2017. [Citeret: 5. 7 2018.] https://janoberg.me/2017/07/17/godt-at-danske-soldater-beskyttes-mod-verdens-ondskab/.

78. —. https://janoberg.me/2018/01/07/dr-har-ikke-som-lovet-svaret-i-et-ar/. *Janoberg.me.* [Online] 7. 1 2018. [Citeret: 5. 7 2018.] https://janoberg.me/2018/01/07/dr-har-ikke-som-lovet-svaret-i-et-ar/.
79. —. Nedrustning og fred er også i arbejdernes interesse. *Arbejderen.dk.* [Online] 4. 5 2017. [Citeret: 5. 7 2018.] http://www.arbejderen.dk/blog-indl%C3%A6g/jan-%C3%B8berg/nedrustning-og-fred-er-ogs%C3%A5-i-arbejdernes-interesse.
80. Hayward, Tim. Briefing Note: Update on the Salisbury poisonings. *timhayward.wordpress.com.* [Online] 10. 5 2018. [Citeret: 6. 7 2018.] https://timhayward.wordpress.com/2018/05/10/briefing-note-update-on-the-salisbury-poisonings-2/.
81. —. How The Media Reveal Inconvenient Truth About Syria. *timhayward.wordpress.com/.* [Online] 23. 4 2018. [Citeret: 6. 7 2018.] https://timhayward.wordpress.com/2018/04/23/how-the-media-reveal-inconvenient-truth-about-syria/.
82. —. A Staged Chemical Attack In Douma? A note on the evidence so far. *timhayward.wordpress.com.* [Online] 21. 4 2018. [Citeret: 6. 7 2018.] https://timhayward.wordpress.com/2018/04/21/a-staged-chemical-attack-in-douma-a-note-on-the-evidence-so-far/.
83. —. White Helmets in Syria: some questions for our government. *timhayward.wordpress.com.* [Online] 20. 12 2017. [Citeret: 6. 7 2018.] https://timhayward.wordpress.com/2017/12/20/white-helmets-in-syria-some-questions-for-our-government/.
84. syriapropagandamedia.org. [Online] http://syriapropagandamedia.org/.
85. Hayward, Tim. How We Were Misled About Syria: Amnesty International. *timhayward.wordpress.com.* [Online] 23. 1 2017. [Citeret: 18. 7 2018.] https://timhayward.wordpress.com/2017/01/23/amnesty-internationals-war-crimes-in-syria/.
86. Soviet–Afghan War. *Wikipedia.* [Online] [Citeret: 9. 7 2018.] https://en.wikipedia.org/wiki/Soviet%E2%80%93Afghan_War.
87. Mærkesag nr. 1: Pengeskabelsen. *jfk21.dk.* [Online] [Citeret: 9. 7 2018.] https://jfk21.dk/m%C3%A6rkesag%20nr%201%20pengeskabelsen.html.

88. Is Human Activity Primarily Responsible for Global Climate Change? *ProCon.org.* [Online] [Citeret: 10. 7 2018.] https://climatechange.procon.org/.
89. DMI. Vejrekstremer i Danmark. [Online] 1. 8 2018. [Citeret: 13. 8 2018.] https://www.dmi.dk/vejr/arkiver/normaler-og-ekstremer/vejrekstremer-dk/.
90. Spencer, Roy W. Summer Causes Climate Change Hysteria. [Online] 3. 7 2018. [Citeret: 13. 8 2018.] En opgørelse udført af ph.d. i meterologi Roy Spencer af de gennemsnitlige maksimumtemperaturer i New York, viser ingen stigning fra 1895 til 2017. .
91. —. Latest Global Temps. [Online] [Citeret: 13. 8 2018.] http://www.drroyspencer.com/latest-global-temperatures/.
92. Invasionen af Danmark i 1940. *Wikipedia.* [Online] [Citeret: 2. 7 2018.] https://da.wikipedia.org/wiki/Invasionen_af_Danmark_i_1940#Faldet_i_kamp_den_9._april_1940.
93. Jørgensen AW, Maric KL, Tendal B, Faurschou A, Gøtzsche PC. Industry-supported meta-analyses compared with meta-analyses with non-profit or no support: differences in methodological quality and conclusions. *BMC Med Res Methodol.* 2008, 8, s. 60.